WIZARD

Wall Street Stories

ウォール・ストリート・ストーリーズ

投機家たちのオンリーイエスタデー

by Edwin

エドウィン・ル

長岡半太郎［監修］ 田中陸［訳］

Pan Rolling

Wall Street Stories
by Edwin Lefèvre

目次

サミュエル・ヒューズ・Wへ

女性と債券

THE WOMAN AND HER BONDS

有名な証券会社であるウィルソン&グレイブスに勤めるフラートン・F・コルウェルは、今は亡き友人のハリー・ハントに対する義務をすべて果たしたと思っていた。コルウェルは一〇社に及ぶ企業の取締役だった。それらはウィルソン&グレイブスが世に「送り出し」た企業で、株式市場における運命はコルウェルが握っていた。ウィルソン&グレイブスのパートナーたちはコルウェルに多くを託し、職場の社員でさえも、コルウェルが「文句なしにこの会社で一番熱心に働く人物」であると心の底から思っていた。これは、仕事をするのは立場上弱い平社員であり、利益と名声を得るのは雇い主であるのが常だということを知っている人々にとって、大きな意味を持つ証言だ。おそらくウィルソン&グレイブスで仕事をしていた若い社員の多くは、コルウェルの勤勉さを喜んで証言しただろう。なぜなら、コルウェルはいつも個人がこなすべき仕事量について とても丁寧に、そしてとりわけ親身になって尋ねてくれたり、あるときには度を超えた仕事量は明らかに問題であると言ってくれたりしたからだ。それから、給料を上げたのも彼だった。それゆえに、彼はその職場でもっとも忙しいと同時に、もっとも感じの良い人物と見られていた。ウィルソン&グレイブスのパートナーの一人であるジョン・G・ウィルソンは肺病で、絶えず保養地を転々としており、死に打ち勝つことを望みながら、何百万ドルもの財産を交通費に費やしていた。ジョージ・B・グレイブスは気難しく、神経質で、怒りっぽく、おまけにけちだった。ウィルソンがこの企業を設立したとき、紹介者はグレイブスを、人が嫌がるどんな仕事も喜んでするると言って推薦していた。フレデリック・R・デントンは一日中「立会場」（証券取引所）で忙しくしており、注文を執行し、自社が取り扱う株式の動きを見張り、彼にとっては意味を持たないことを時には聞きながら、ウィルソン&グレイブスのために働いていた。しかしフラートン・F・コルウェルはあらゆることをしなければならなかった、株式市場と職場において。彼はウィルソン&グレイブス株の操作を行い、企業の顧客が共同で投資した多くの資金の不正な部分を管理し（グレイブスはもう一方の点に注意を払っていた）、さまざまな会社の実質的な経営にかかわっていた。また、彼は毎日、株式市場での「取引」を「やり遂げ」ようとしている多くの人々（主にウォール街の用語で「大物」と言われる人物）と打ち合わせをしていた。彼は何千ドルもの価値を持つ自分の時間と何百万ドルもの価値を持つ自分の頭脳を、友人の問題を解決するためにささげた。そしてすべてが終わってあらゆる申し立てが調整され、彼が受け取るべき執行手数料を善意から断ったことで、ハリー・ハントには負債がなく、ハント夫人の要求によって引き出すことができる年二・五％の利息が付いた現金三万八〇〇〇ドルをトロリーマン信託銀行に残すことができた。彼は仕事を驚くほどうまく成し遂げたので、夫を亡くした夫人は現金に加えて、ハントが彼女に生前贈与した抵当に入っていない家を所有することになった。

財産問題が解決して間もなく、ハント夫人はコルウェルの職場を訪れた。その日はとても忙しかった。下落相場が猛威を振るっていた――そして、その下落は思惑どおりに進んでいた。アラバマ石炭鉄鋼（ウィルソン&グレイブスの扱う主力株の一つである）が、「サム」・シャープのロング・トムに加えてルームトレーダーたちのマキシム機関銃にも攻撃の的にされていた。コルウェルにできるのは、現場にいたデントンにアラバマ石炭鉄鋼を「買い支え」て、攻撃を防ぎながらも、その会社の株式のすべてを取得しないように指示することだけだった。この指示は投資業界における独特な言い方で、金貨の入ったいとしい袋が弱気筋の手に引き裂かれて、硬貨が裂け目からこぼれ出ているときに、声を張り上げて陽気に歌うようなものである。あらゆる情報が重要だった。幅一センチメートルのティッカーテープが壮大な災難の物語を含んでいる可能性もある。印刷された文字を一字でも読み落とすことは許されなかった。

「おはようございます。コルウェルさん」

彼は指の間にティッカーテープを通すのをやめ、不安そうな目ですぐに振り向いた。その日のなかでもっとも集中しなければならない時間に、女性の声を喜んで聞くことなどできなかったからだ。

「ああ、おはようございます、ハントさん」と彼はとても丁寧に言った。「お会いできて実にうれしいです。ごきげんよう」。彼は握手をして、少し仰々しく、彼女を大きな肘掛け椅子へと促した。彼の行儀の良さは、主にティッカーの簡潔な情報に興味を持っているウォール街の電話交換手にさえも慕われていた。

「もちろんお元気ですよね、ハントさん。元気がないなんて言わないでくださいよ」

「え、ええ。あれ以来どうにか元気にしています。あのときから……」とためらいがちな答えが返ってきた。

「ハントさん、時間だけが私たちを癒やしてくれます。元気を出しましょう。それが彼の望むことでしょう」

「そうですね。そうしなければいけないと思います」と彼女はため息をついて言った。

沈黙が訪れた。彼は思いやりに満ちた様子で彼女のそばに立っていた。

「カチカチカチカチ」とティッカーテープが鳴った。

それは数字にすると何を意味したのだろうか。最後の三回の金属音は、ドルとセントに落とし込むと何を伝えていたのだろうか。おそらく、「設計された買い注文」でできたアラバマ石炭鉄鋼のとりでに対して、売り手が猛攻を仕掛けていたのだろう。そしておそらくコルウェルが信頼する副官であるフレッド・デントンが敵を撃退したのだろう。勝とうとしていたのはだれだろうか。フラートン・F・コルウェルの真面目な顔が不愉快そうに引きつった。しかし次の瞬間、「ふさぎ込んではいけませんよ、ハントさん。私がハリーのことをどのように考えているかはお分かりでしょうし、私にとってハリーとあなたのためにできることをするのがどれほどうれしいことかを伝える必要はないでしょう」と、彼はあたかも彼女がいるところで株式市場について考えることが恥のように、また少し良心がとがめるように言った。

「カチカチカチカチ」と再びティッカーが鳴った。

「私を信じてください、ハントさん。あなたのために働くことができて、私はこのうえなくうれしいです」と、彼は活発になる小さな機械の音が聞こえないように話を続けた。

「あなたはとても優しいですね、コルウェルさん」とハント夫人はささやいた。そしてひとつ間をおいて、「あのお金のことであなたに会いに来たのです」と言った。

「はい？」

「信託銀行で、もし私がそのお金に手をつけることなく残しておけば、月に七九ドル受け取ることができると言われました」

「ええと、そうです。それがあなたが求めていたことですよね」

「ええ、コルウェルさん。でも、それでは生活することができないのです。ウィリーの学校には五〇ドルかかるし、それからイーディスの服もあります」と、自分自身はそのことにまったく関心がないことを示すような雰囲気で彼女は言った。「ほら、彼はとても子供たちに甘かったし、子供たちは多くの物があることに慣れているでしょう。もちろん家があるのはありがたいことです。でも、とても多くの税金がかかるし、もっと利益を得られるように資金を投資する方法はありませんか」

「債券をいくらか買うことならできます。しかし、元金を完全に保証するには、とても格付けが高い証券に投資する必要があり、そこから得られる収益はおよそ三・五%くらいでしょう。つまり、ええと、月に一一〇ドルということになります」

「でもハリーは年に一万ドル使っていました」と彼女は不満そうに低い声で言った。

「ハリーはいつも……そのぉ～……かなりの浪費家でした」

「ええ、彼が生きている間は、私は彼と楽しく過ごしていました」と彼女は言った。それからひと呼吸置いて、「それから、コルウェルさん、もし私がその債券にうんざりしたら、いつでもお金を取り戻せるのですか」

「それを市場で換金することでいつでもできるでしょう。あなたが支払った金額よりも少し安い金額で売れることも少し高い金額で売れることもあるでしょうが」

「支払った金額よりも安く売りたくなどありません。どうしてそのようなことになるのですか」と、ビジネス口調で彼女は言った。

「そのとおりです、ハントさん。それはあまり利益になることではありませんよね」と彼は励ますように言った。

「カチカチカチカチカチカチカチ」とティッカーテープが鳴った。激しい鳴り方だった。忙しいときに限って、ティッカーテープはいつも重要な情報を伝えてくる。コルウェルは五分間まったくティッカーテープを見ていなかったのだった。

「コルウェルさん、私が売るときには支払った金額よりも多くを受け取れるようなものを買っていただけませんか」

「だれもそのようなことは保証できません、ハントさん」

「資金を一セントも失いたくないのです」と彼女は慌てて言った。

「おや、そのような危険はありません。万が一のために信託銀行に三〇〇〇ドル残し、私に小切手で三万五〇〇〇ドル渡してくれたら、数カ月のうちにかなり確実に価格が上がるだろうと思う債券を買っておきますよ」

「カチカチカチカチ」とティッカーテープの音が割り込んだ。説明し難いことだが、その金属音が不吉を告げる鐘のように聞こえたため、彼は付け足して言った――「しかし、そのときは私にすぐに知らせてくださいよ、ハントさん。ご存じでしょうが、株式市場は行儀の良いところではありません。どんなことも待ってくれないのです。女性であってもです」。

「なんてことでしょう、今日にでも銀行からお金を引き出してあなたに渡さなければならないのですか」

「小切手で結構です」。彼は神経質そうに指で机を叩き始めたが、それに気づくとやめた。「分かりました、今日、小切手を送ります。あなたがとても忙しいことは知っていますから、これ以上は引き止めません。それで、私の代わりに確実で割安な債券を買ってくれるのですよね」

「ええ、ハントさん」

「損をする可能性はありませんよね、コルウェルさん」

「まったくありません。私は家内のためにも債券を買ってきました。少しの危険も冒すことはないでしょう。あなたが心配する必要はありません」

「とても親切にしてくださってありがとうございます、コルウェルさん。言葉では表せないほど感謝しています。私は、私は……」

「私を喜ばせるにはそのようなことを話に出さないことです、ハントさん。いくらか稼いで、あなたが信託銀行から受け取る収入を少なくとも二倍にできるようにしてみましょう」

「本当にありがとうございます。もちろんあなたがこのようなことに深く精通しているのは分かっています。それでも、ウォール街でお金を失うという話をたくさん聞いていたので、少し怖かったのです」

「確実な債券を買えばそのかぎりではありませんよ、ハントさん」

「さようなら、コルウェルさん」

「さようなら、ハントさん。私がお役に立てそうなときはいつでもすぐに連絡してください」

「どうもありがとうございます、コルウェルさん。さようなら」

「さようなら、ハントさん」

ハント夫人は彼に三万五〇〇〇ドルの小切手を送り、コルウェルはマンハッタン電力の利率五％の金貨払い社債一〇〇単位を九六で買った。

彼は次のような手紙を彼女に書いた。「この債券はきっと値上がりするでしょう。十分な価格に達したら一部を売り、残りはあなたのために投資として残しておきます。この過程はいくぶん投機的ですが、お金が安全であることは保証します。あなたには元の資本を増やす機会があり、資金はすべてそのお金で買えるだけの同じ債券（利率五％のマンハッタン電力債）に投資されるでしょう。あなたが信託銀行から受け取っている収入の二倍の額を六カ月以内に得るようにしたいと思います」

翌朝、彼女は彼の職場に電話をかけた。

「おはようございます、ハントさん。お元気ですか」

「おはようございます、コルウェルさん。あなたにとってひどく迷惑であることは分かっているのですが……」

「そんなことはありませんよ、ハントさん」

「あなたはとても親切ですね。その、私にはあの債券のことがよく分からないのです。あなたなら教えてくれると思ったのですが。私はとても愚かでした」と彼女はいたずらっぽく言った。

「私はあなたに曖昧なことなど言いませんよ、これから説明しますね、ハントさん。さて、あなたは私に三万五〇〇〇ドルを送ってくれましたよね」

「はい」。彼女の口調には、とても感謝しているということ以上のものは感じられなかった。

「あなたの代わりに、われわれの会社に口座を開きました。あなたの口座にはその金額が入金されました。それから私は額面一〇〇〇ドルの債券を一〇〇単位買う注文を出しました。われわれは九六で買いました」

「よく分かりません、コルウェルさん。私はとても愚かだと言いましたよね」と、彼女は再びいたずらっぽく笑って言った。

「一〇〇〇ドルの債券に対して九六〇ドル支払ったということです。合計すると九万六〇〇〇ドルになりました」

「しかし、私は初めに三万五〇〇〇ドルしか持っていませんでした。私はまだそれだけの大金を持っていないはずですが」

「まだです、ハントさん。あなたは三万五〇〇〇ドル出しました。それがあなたの証拠金です。そして私たちはさらに六万一〇〇〇ドルを出し、債券を担保としました。私たちはあなたに三万五〇〇〇ドルの借りがあり、あなたには私たちに六万一〇〇〇ドルの借りがあります。それから……」

「しかし……あなたは私を笑うでしょうね、コルウェルさん、しかしそれは家を抵当に入れて借金し、結局は不動産屋がその家を所有して、自分には何も残っていないことに気づくことになるという貧乏人の話のようなものだと考えずにはいられないのです。私にはそのようにして家を失ったスティルウェル夫人という友人がいます」と、彼女は補うようにして言い終えた。

「これはそれと同様の事例ではありません。証拠金を使うのは、そのお金で現物のものを買うよりもずっと多くの投資ができるからです。それによって仲介人は購入した証券の減価から守られますが、これが仲介人の求めることです。今回の場合、あなたは名目上は私たちに六万一〇〇〇ドルの借りがありますが、債券はあなたの名義であるため、私たちに返済したいときには債券を売るように私たちに注文し、私たちが前払いした分を返し、証拠金の残り、つまりあなたが元々出した金額をあなたが受け取ればよいのです」

「なぜ会社からお金を借りなければならないのかが分かりません。私が実務的なことについて無知なのをあなたが利用することはないのは知っていますから、あなたから多くのお金を借りることについて心配はしません。しかし、私はウィルソンさんやグレイブスさんに会ったことはありません。彼らの外見すらも知りません」

「でも、あなたは私のことを知っています」と、コルウェルは辛抱強く丁寧に言った。

「いえ、だまされるのを心配しているわけではありません、コルウェルさん」と彼女は慌てて安心させるように言った。「しかし、どんな人に対しても借金を負いたくないのです、特にまったく知らない人に対しては。もちろん、あなたが大丈夫だと言うのならば、私は納得しますが」

「ハントさん、このことについては心配しないでください。私たちはこの債券を九六で買いました。もし私が考えているように価格が一一〇まで上がれば、債券の五分の三を六万六〇〇〇ドルで売って私たちに六万一〇〇〇ドルを返し、五〇〇〇ドルは四％の利息がつく貯蓄銀行に預けることができますし、さらに四〇単位の債券から年に二〇〇〇ドル得られます」

「それは素晴らしい。それで、その債券は今は九六なのですか」

「はい。債券と書かれている新聞の金融欄でいつでも価格を見ることができます。マンハッタン電力の五％債を探してください」と、彼は彼女に教えた。

「どうもありがとうございます。もちろん、とても迷惑をかけていることは分かっています……」

「けっしてそんなことはありません。ハントさん。少しでもあなたのお役に立っているのであればとてもうれしいです」

いくつかの重要な取引で忙しいコルウェルは、マンハッタン電力の五％債の価格の変動など念入りに見てはいなかった。何らかの変化があったということを、彼はハント夫人の様子から確信した。彼女は数日後にまた訪れ、顔には大きな動揺の表情を浮かべていた。彼女は許しがたい言い訳を聞くことを予期して、いくぶん決心しているようにも見えた。

「おはようございます、コルウェルさん」

「ごきげんよう、ハントさん。お元気ですか」

「あら、元気ですよ。金銭的なことについても同じようにうまくいっていると言えたらよいのですが」。彼女は毎日決まって読むようになった金融記事からこのような言い回しを身につけていた。

「おや、どうしたのですか」

「あれが今では九五なのです」と彼女は少しとがめるように言った。

「あれとは何のことですか、ハントさん」と彼は驚いて聞いた。

「例の債券です。昨夜の新聞で見ました」

コルウェルはほほ笑んだ。ハント夫人は彼の思慮のなさに対して怒り出しそうになった。

「心配しないでください、ハントさん。その債券は大丈夫です。少し下がったという、それだけのことです」

「ウォール街のことならなんでも知っている友人が、これは私にとって一〇〇〇ドルの差を生み出すと昨夜教えてくれました」と彼女はとてもゆっくりと言った。

「ある意味ではそうです。それはつまり、あなたが債券を売ろうとするのであればの話だということです。しかし、債券がかなりの利益を出すまでそうするつもりがないのであれば、不安に思う必要はありません。どうかこの問題について心配しないでください。債券を売るべき時機が来たら、私がお知らせします。価格が一ポイントや二ポイント下がっても気にしないでください。あなたの資金は十分に安全です。もし恐慌が起こってその価格がどれだけ安くなったとしても、あなたが資産を売却しなくてよいようにします。あなたはそれについて心配する必要はありません。実際、それについてまったく考えなくてよいのです」

「まあ、本当にありがとうございます、コルウェルさん。私は昨夜少しも眠れませんでした。しかし、私は知っていました……」

社員が株券を持って入ってきて、突然立ち止まった。彼はコルウェルに署名をしてもらおうと急いでいたが、その一方であえて会話に割り込もうとはしなかった。そこでハント夫人は立ち上がってこう言った――「さて、これ以上あなたの時間はいただきません。さようなら、コルウェルさん。どうもありがとうございました」。

「どういたしまして、ハントさん。さようなら。辛抱さえしていれば、あの債券からは十分な利益が得られますよ」

「まあ、債券についてすべてを知ったからには辛抱しますよ。ええ、本当です。そしてあなたの予言が当たることを願っています。さようなら、コルウェルさん」

少しずつその債券は下落し続けた。幹事証券会社には、それに対応する用意ができていなかった。しかし、アップタウンの銀行に勤めている、名前が明かされていないハント夫人の友人（彼女のいとこであるエミリーの夫）は、その背景の詳細をすべて知っていたわけではなかった。彼はウォール街を浅くしか理解しておらず、それによって彼女の揺れる感情に不眠症の種を植えつけた。それから債券の価値が下落するのを見て、彼は不吉な暗示や否定的なことを言うことによって、そして彼が最悪の場合に対する覚悟を徐々に思いやり深く覚悟させようとしているのだと彼女に固く信じさせるような言い回しによって、もともと豊かだった土壌に肥料を与え、種を育てることに全力を尽くした。苦痛が始まってから三日目に、ハント夫人はコルウェルの職場を訪問した。彼女の顔は青ざめ、動揺しているように見えた。コルウェルは思わずため息をつき、「おはようございます、ハントさん」と言った。それは辛うじて聞こえるような、それほど不作法ではないため息だった。

彼女は重々しくうなずき、少しあえいで声を震わせながら言った――「債券がぁ～！」。

「何かありましたか」

彼女は再びあえいで言った――「ししし、新聞がぁ～！」。

「どういう意味ですか、ハントさん」

彼女は疲れ切ったかのように椅子に弱々しく崩れ落ちた。一つ間をおいて、彼女は言った――「あらゆる新聞に書いてあります。ヘラルドが間違っているかもしれないと思って、トリビューンとタイムズとサンも買いました。でも、そうではありませんでした。どれも同じでした」。そして彼女は悲劇的に付け加えてこう言った。「九三だったのです」

「そうですか」と彼はほほ笑みながら言った。

そのほほ笑みは彼女を安心させなかった。彼女はイラ立ち、疑いが沸き起こった。すべての男性のなかで、コルウェルだけは彼女の不眠症が笑いごとではすまされないと受け止めるべきだっただろう。

「それは三〇〇〇ドルの損失を意味するのではないですか」と彼女は尋ねた。彼女の声には、否定できるものならしてみなさいというような怒りがあったが、彼女はそれを自覚していなかった。彼女のいとこの夫は執念深い扇動者だった。

「いいえ。なぜならあなたはその債券を九三ではなく一一〇くらいで売ろうとしているのですから」

「しかし、もし私が今債券を売りたいと考えたら、三〇〇〇ドルの損をするのではないですか」と彼女は挑むように尋ねた。そして、彼女は急いで自ら答えた――「もちろん損をしますよね、コルウェルさん。それは私でも分かります」。

「確かにそうです、ハントさん。しかし……」

「私が正しいことは分かっていました」と、彼女は勝ち誇った気持ちを抑えきれずに言った。

「しかし、あなたはその債券を今、売ろうとはしていません」

「もちろん売りたくありません。私には少しもお金を失う余裕がなく、ましてや三〇〇〇ドルもの損はできませんから。しかし、どうすれば損をせずに済むのか私には分かりません。私は初めから警戒していました」と彼女は状況が悪化したかのように言った。「私には少しでも資産を危険にさらすようなことはしたくありませんでした」。彼女はほかのだれかを責める権利を放棄しており、雄弁な彼女の態度には、意識的に公正で思慮深く見せているところがあった。それによって、コルウェルは考えを変えた。

「ハントさん、もしあなたが望むなら、お金を取り戻してもよいですよ。そのことについてとても心配しているようですね」と彼はすっかり専門家らしくない口調で言った。

「まあ、実際に心配しているわけではありません。ただ、買わなければよかったと思っているだけです……つまり、お金はトロリーマン信託銀行に安全に預けられているので、たとえ多くの利益が得られないとしても、そのお金が元々あったところに置いていてもよかったのではないかと考えずにはいられないのです。しかしもちろん、私にここを去ってほしいのであれば、もちろん私はあなたの言うとおりにします」と、彼女は彼が反論する機会をできるかぎり与えるように、とてもゆっくりと言った。

「ハントさん、私の唯一の望みはあなたを満足させ、助けになることです。債券を買うならば忍耐強くならなければなりません。債券を売って利益を得られるようになるまで何カ月もかかるかもしれませんし、その間に価格がどれほど低下するか分かりません。だれもそれを知らないので、教えることができないのです。しかし、債券が九〇、もしくは見込みはありませんが、八五まで下がったとしても、それはあなたにとってどんな違いも生み出すものではありません」とコルウェルはとても丁寧に言った。

「どうしてそう言えるのですか、コルウェルさん。債券が九〇になれば、私は六〇〇〇ドルの損をすることになります……友人は、数字がひとつ小さくなるごとに一〇〇〇ドルの損になると言っていました。そして八五になれば」、指で数えながら彼女は言った。「一一の差、つまり一万一〇〇〇ドルになります」。そして彼女は怒りに震え、非難するように彼をにらみつけた。「どうしてそれがどんな違いも生まないと言えるのですか、コルウェルさん」

コルウェルは、彼女にとてもわずかでありながらこれほど大きなことを植え付けた、名前も知らない「友人」を激しく憎んだ。しかし、彼は優しく彼女に言った――「私はあなたにすべて説明したと思っていました。これほどの下落はけっして起こることはないでしょうが、債券が一〇ポイント下落すれば、無力な投機家は損害を被るかもしれません。しかしあなたには少しも影響することがないでしょう。なぜならあなたには十分な証拠金があるため、強制手仕舞いをされることなんかないからです。あなたはただ価格が再び上昇するまで待てばいいだけです。具体的に説明しましょう。あなたの家に一万ドルかかるとすると……」。

「ハリーは三万二〇〇〇ドル払いました」と彼女は訂正した。それから彼女は考え直して、自分が差し挟んだ言葉が的外れなのを知ると、彼に分からせるようにほほ笑んだ。しかし、彼は実際の費用を知っていてもおかしくはなかった。

「いいでしょう」と彼は上機嫌に言った。「三万二〇〇〇ドルということにしましょう。同じ区画にある、ほかのすべての家もその値段だとします。そして、ある不都合やそのほかの何らかの理由によって、だれもそれらの家に対して二万五〇〇〇ドル以上は支払えず、あなたの近所の三～四人がその値段で家を売ったとします。しかしあなたは秋になれば、多くの人々が町に来て、五万ドル支払う人が見つかることを知っているため、売ろうとはしません。あなたは二万五〇〇〇ドルでは売らずにいて、心配することはないのです。それでも心配しますか」と彼は快活に言い終えた。

彼女はゆっくり「いいえ、心配はしないでしょうが」と、自分の立ち位置に気まずさを感じてためらいがちに言った。「債券ではなくお金を持っていればよかったと思っています」。そして、彼女は自分を守るように付け加えた――「私はこのことを考えていると、三日の間、まったく眠れませんでした」。

コルウェルはやっと解放されるという考えにとても元気づけられた。「あなたの願いはかなうでしょう、ハントさん。そのように感じていたのだったら、どうして先に頼んでくれなかったのですか」と彼は穏やかにとがめた。そして彼は社員を呼んだ。「ローズ・ハント夫人宛ての二万五〇〇〇ドルの小切手を振り出し、マンハッタン電力の五％債一〇〇単位を私の個人口座に移してください」

彼が彼女に小切手を渡して言った――「このお金をどうぞ。知らないうちに不安にさせてしまって本当に申し訳ありませんでした。しかし、終わりよければすべてよしです。あなたのお役に立てるときはいつでも……いいえ、気にしないでください。どうか私に礼を言わないでください。さようなら」。

しかし彼は、彼女の債券口座を引き継ぐにあたり、公開市場なら九万三〇〇〇ドルで買うことができたのに、九万六〇〇〇ドルを支払ったことを彼女に伝えなかった。彼はウォール街でもっとも思いやりのある人物だった。そして何といっても、彼は彼女のことをずっと前から知っていた。

一週間後、マンハッタン電力の利率五%の債券は再び九六で売られていた。ハント夫人は彼のもとを訪れた。それは昼のことで、彼女は見たところ午前中は訪問するための勇気を奮い起こしていたようだった。彼らはお互いにあいさつしたが、彼女はきまりが悪そうで、彼はいつもどおり礼儀正しく好意的だった。

「コルウェルさん、まだあの債券を持っていますよね」

「はい、そうです」

「その……それを取り戻したいと思うのです」

「分かりました、ハントさん。いくらで売られているか見てみましょう」。彼はマンハッタン電力の五%債の相場を知るために社員を呼んだ。社員は債券の専門家の一人に電話をかけ、その債券が九六と二分の一で買えることを聞いた。彼はコルウェルに報告し、コルウェルはハント夫人にこう付け加えて言った——「つまり、実質的に以前、あなたが買った価格にまで上昇したことが分かりました」。

彼女はためらった。「その……あなたは私からその債券を九三で買いませんでしたか。あなたに売ったときと同じ価格で買いたいのですが」

「いいえ、ハントさん。私はあなたから九六で買いました」と彼は言った。

「しかし、価格は九三でした」。それから彼女は補うように言った――「どの新聞にもそう書かれていたのを覚えていないのですか」。

「覚えていますとも。しかし私はあなたから受け取ったのとちょうど同じ金額を返し、私の口座にその債券が移されました。それはわれわれの記録の上では九六の費用がかかっています」

「それでも私に九三の価格で買わせてもらうことはできませんか」と彼女は言い張った。

「ハントさん、非常に申し訳ありませんが、それはできないです。今、その債券を公開市場で買えば、それを売る前とまったく同じ持ち高となり、今は価格が上がっているのですから、これから多くを稼ぐことができるでしょう。あなたのために九六と二分の一で買わせてください」

「九三で、ですよね」と彼女はためらいがちに笑って言った。

「違います。今、売られている価格で、です」と彼は辛抱強く訂正した。

「どうして私にそれを売らせたのですか、コルウェルさん」と彼女は悲しそうに尋ねた。

「でも奥様、もし今買えば、もともとの状態を保っていた場合よりも悪くなることはありませんよ」

「しかし、この前の火曜日に九三で買ったのとまったく同じ債券に、どうして今、九六と二分の一を払わなければならないことになるのか分かりません。それがほかの債券だったらそれほど気にしないのですが」と彼女は付け加えて言った。

「ハントさん、どの債券を持っても違いはありません。あなたのも私のもだれのでも、すべて価格が上昇しています。あなたの状況はほかの人の状況と変わりません。それは分かりますよね」

「は、はい。しかし……」

「ですから、今買っても前に買ったときとほぼ同じと言えます。買った値段で私が買い取ったので、あなたは一セントも損をしていません」

「私は九三であれば喜んで買います」と彼女はかたくなに言い張った。

「ハントさん、あなたのためにその価格で買えたら、とは思います。しかし九六と二分の一よりも安く売っているところはどこにもありません」

「ああ、どうして私に債券を売らせたのですか」と彼女は悲しげに言った。

「それは、債券の価格が下落したので、あなたがとても心配して……」

「ええ、しかし私は実務的なことについて何も知りませんでした。私が知らないことをあなたは知っていましたよね、コルウェルさん」と彼女はとがめるように言った。

コルウェルは人のいい笑みを浮かべた。「あなたのためにその債券を買いましょうか」と彼は尋ねた。彼はその債券の幹事証券会社の計画を知っていて、その債券が上昇することを確信しており、彼女もその利益を共有できるだろうと考えていた。心の底では、彼は彼女に対して申し訳なく思っていた。

彼女はほほ笑み返した。「はい」と彼女は彼に言った。「九三でなら」。彼の説明にもかかわらず、彼女には数日前の価格が九三であったのに、現在、九六と二分の一を支払うべきだということが正しいことのようには思われなかった。

「しかし、今の価格が九六と二分の一ですから、どうして九三で買えますか」

「コルウェルさん、九三で買うか何もしないかのどちらかです」。彼女は自分の厚かましさに青ざめかけていた。彼女には、彼女が債券を売ってしまうのを待って、価格が上昇したかのようにしか思えなかった。そして彼女はその債券を買いたかったが、屈する気にはならなかった。

「それでは、何もしないということになると思います」

「ええ……さようなら、コルウェルさん」と彼女は今にも泣きそうになりながら言った。

「さようなら、ハントさん」。そしてすぐに、彼はこれまでにあったことをすべて忘れて、こう付け加えた。「もしあなたが考えを変えるならば、私は喜んで……」

「もし私が一〇〇〇歳になるまで生きたとしても、九三以上は払わないだろうと思います」。

彼女は彼が悔やんでいるかどうか確かめるために期待しながら彼を見て、そしてほほ笑んだ。このほほ笑みは女性特有の最後の手段であり、次のようにはっきり語っていたも同然だった。「もちろんあなたは私が頼んだようにしてくれるだろうと分かっています。私の質問は形式上のものにすぎません。私はあなたの気高さを知っていますし、あなたがむしろそうしてくれないことを心配しています」。しかし、彼はとても礼儀正しく彼女に頭を下げただけだった。

証券取引所におけるマンハッタン電力の五％債の価格は着実に上昇した。怒りのあまり涙ぐむことしかできなかったハント夫人は、いとこのエミリーとその夫とこの話題について話し合った。エミリーはとても興味を持っていた。彼女とハント夫人は哀れな男性に奇妙なことを認めさせ、彼の弱々しい抗議を無視して、コルウェルが今は亡き友人の妻に債券を九三で気前良く買わせるべきで、九六と二分の一で買わせるのは明らかに彼のワガママでしかないだろうと確信するに至った。彼女たちがこの結論に達すると、ハント夫人はどのように振る舞うべきかを理解した。そして考えれば考えるほど、ますます腹立たしくなった。翌朝、彼女は亡くなった夫の執行者であり友人でもある人物のもとを訪れた。

彼女の顔には、神聖で不可侵の権利が暴君によって踏みにじられ、しかし同時に報復の時期が近いと確信している、熱狂的な人々によく見られるような表情が浮かんでいた。

「おはようございます、コルウェルさん。あなたが私の債券について提案してくれることをしっかりと確かめるために伺いました」。彼女の声には、彼から激しい反対、おそらく暴言さえもが発せられるのを予期しているような気持ちが込められていた。

「おはようございます、ハントさん。ええと、それはどういう意味ですか」

彼が知らないふりをしたことで、彼女は顔のしわを深くした。彼は怒鳴るのではなく術策を用いていたのだ。

「あなたは分かっているはずだと思いますよ、コルウェルさん」と彼女は意味ありげに言った。

「いえ、本当に分かりません。私が債券を売らないように言ったときも、それらを買うように言ったときも、あなたは私の助言を聞こうとしませんでした」

「ええ、九六と二分の一では」と彼女は怒りで感情を爆発させた。

「仮にあなたがそうしていれば、今では七〇〇〇ドル以上の利益を得ていましたよ」

「私がそうしなかったのはだれのせいですか」と彼女は言って、答えを待った。返事がないのを見ると、彼女は「でも気にしないでください。あなたの提案を受けることにしました」と、あたかも夫を亡くした哀れな女性には選択権がないかのように、とても苦々しく言った。「その債券を九六と二分の一で買います」。それから彼女は小声で付け加えて言った――「本当なら九三であるべきなのですが」。

「しかしハントさん、そんなことはできませんよ。買ってほしいと思っていたときにあなたは買おうとしなかったので、今ではあなたのために九六と二分の一で買うことができません。実際に、あなたはそんなことができないのを知るべきです」とコルウェルはとても驚いたように言った。

いとこのエミリーと彼女は前の晩に何度もコルウェルとの仮想のやり取り――激しさを

さまざまに変えて――を行っており、彼女たちはちょっとした瞬間に、本当にそれを予期していたわけではないが、コルウェルがこれと同じ態度を取ることを想定していた。そのため、ハント夫人は彼女が道徳と法的権利を持っているのを知っていることと、それらを無視しようとするどんな試みにも抵抗しようとしていることの両方を示す準備ができていた。そこで彼女は、罪の意識がある人物ならだれでも戒められるような、とても冷静な声で言った――「コルウェルさん、一つ私の質問に答えてくれませんか」。

「一〇〇〇個の質問でも喜んで答えますよ、ハントさん」

「いいえ、一つだけです。私が買った債券を持ち続けていますか、それとも持っていませんか」

「それがどんな違いを生むのですか、ハントさん」

彼は答えるのを避けた！

「イエスかノーで答えてください。同じ債券を持っているのですか、持っていないのですか」

「ええ、持っています。しかし……」

「そしてその債券は本来だれのものですか」。彼女はまだ青ざめていたが、決然としていた。

「もちろん私です」

「あなたのですか、コルウェルさん」。彼女はほほ笑んだ。そしてそのほほ笑みにはいくつもの感情が込められていた。しかし、そこに喜びはなかった。

「はい、ハントさん、私のものです」

「それで、あなたはそれを持ち続けるつもりですか」

「もちろんそうです」

「たとえ私が九六と二分の一を支払うとしても、私には譲ってはくれませんか」

「ハントさん、私があなたからその債券を九三で受け取ったとき、それは帳簿上では三〇〇〇ドルの損失を抱える羽目になっていたのです……」とコルウェルは優しく言った。

彼女は同情してほほ笑んだ。その同情は、彼が彼女をどうしようもないほど愚かだと判断していることに対するものだった。

「そして、債券が九六と二分の一に上昇したあとにあなたが九三で再び買いたいと言ったとき、もし私があなたの望みどおりにしていたら、私にとっては三〇〇〇ドルの損失が確定してしまうことになっていたでしょう」

再び彼女はほほ笑んだ。湧き起こる憤りに同情が混ざっている以外には、前と同じほほ笑みだった。

「ハリーのために、私はあなたが心配することのないように最初の損失を自分で受け入れようと思いました。しかし、あなたに三〇〇〇ドルをあげなければならない理由は本来ありません」と彼はとても静かに言った。

「私はけっしてそうするように頼んでいません」と彼女は激しく言い返した。

「もし私のせいであなたが損をしていたならば、違ったことになっていたでしょう。しかし、あなたは最初にあった資金を減らしていません。同じ債券をほとんど同じ価格で買えば、あなたが失うものはありませんでした。今あなたは、おそらく私の助言を聞かないことへの報いとして、私のもとを訪れて、市場で一〇四で売っている債券を九六と二分の一で売るように頼んでいるのでしょう」

「コルウェルさん、あなたは私の立場を見て私を侮辱しています。そしてハリーはあなたをとても信頼していました。しかし、私は必ずやあなたの思いどおりにはさせません。明らかにあなたは私を家に帰して、私に対してしたことを忘れたいと思っているでしょう。しかし私は弁護士に相談して、夫の友人からこのような扱いを受けていいものなのかどうかを確かめます。間違いを犯しましたね、コルウェルさん」

「ええ、奥様、たしかに間違えました。そして私に感謝して、これ以上過ちを犯さないために、あなたは二度とこの会社を訪れないでください。ぜひ弁護士に相談してください。さようなら、奥様」とウォール街でもっとも礼儀正しい男は言った。

「考えておきましょう」とだけ彼女は言った。そして、彼女は部屋を出て行った。

コルウェルは神経質に職場のなかを上へ下へと行き来した。彼が落ち着きを失うことはほとんどなく、そのようなことはだれも望んでもいなかった。ティッカーがにぎやかに音を立て、彼はそれを上の空で、半ばうんざりしながら横目に見た。

彼はテープを見た。「マンハッタン電力五％債、一〇六と二分の一」

テレビン油の暴落

THE BREAK IN TURPENTINE

初めに、テレビン油の蒸留業者が争いを口論の段階へと進めた。それから、その口論は静寂の段階に進んだが、それは実に恐ろしい前兆だった。言葉によって無駄にする時間がないことを意味したからだ。全員がお金を失っていた。しかし、全員が他人のさらなる損を望んでおり、それゆえにいっそう早く破滅への道を突き進んでいた。生き残った者たちは、自分たちだけは生き延び続けられるだろうと考えていた。一二人では飢えてしまうようなことでも、四人でならパーティーを開けるかもしれないからだ。

それはアメリカで定期的に見られる衰退が避けられない産業である。それは不可解で説明しがたいが、平凡なつぶやきだった。「過剰生産だ!」と言って、問題を突き止めたことを自慢げに思い、満足そうに首を横に振った。これがかつては大変儲かっていたが、今では破滅を引き起こしつつあるテレビン油事業のことだった。以前は何千人もの人々が満足に生計を立てていたが、今ではかなり少ない労働者にかなり少ない賃金を払っているにすぎない。

最初に義理の兄弟の注意をその惨めな業界へと向けたのは、テレビン油で有名な地域の銀行家であるアルフレッド・ノイシュタット氏だった。ノイシュタットが講演をしている間、ヤコブ・グリーンバウム氏の魂は震えていた。彼は、圧倒されるほど有望な可能性を感じていた。彼はテレビン油信託を設立することにした。

　彼はまず、破産した蒸留所七軒を格安の価格で買った。その後、彼の信託が生み出す計画では、これらの蒸留所は、グリーンバウムが義理の兄弟に自画自賛して言うように、「有力な組織」へとかなり高い価格で売られることになった。それから彼は、死ぬほど退屈な九軒の蒸留所を購入した。このようにして、彼は実に驚くべき費用で「大きな生産能力」を手に入れることができた。それはとても少ない額ですんだ。これは彼の義理の兄弟の名前でも行われていた。その後、グリーンバウム・ラザルス社の銀行が参加し、加担者の興味を引き、成功を確実にするために十分な数の蒸留所を自分に売却するようにだましたり強要したりし、より手強い相手はうまく言いくるめ、よりだましやすい相手からは金を巻き上げ、より利口な相手には潔く譲歩し、それらすべてをひとまとめにした。次に、アメリカン・テレビン・カンパニーが三〇〇〇万ドル、つまり一株一〇〇ドルで三〇万株の資本金で設立された。グリーンバウム氏やノイシュタット氏や工場を「一部は現金、一部は株式」で売った人々に支払うための現金は、グリーンバウム・ラザルス社、I&Sウェクスラー、モリス・シュタインフェルダーズ・サンズ、ライス&スターン、コーン・フィッシェル社、シルバーマン&リンドハイム、ローゼンタール・シャフラン社、ゼーマン・ブラザーズからなるシンジケート（幹事証券会社）が引き受けた利率六％の債券二五〇〇万ドルの発行によって調達された。

彼らはまったく「投機」をしたことがなかったが、「金融業務を行う」ことはあった。彼らが持っていたのは刈りばさみであって、羊毛ではなかった。

その「信託」の趣意書は漠然としており、統計資料が少なく、人を引き付けるような一般論が並んだ傑作だった。やがて人々が二五〇〇万ドルの債券の多くを買ったので、債券と株式がどちらもＮＹＳＥ（ニューヨーク証券取引所）に「上場」された――つまり、会員が取引所の「フロア」で売買できる証券の一銘柄となったのだ。

表にして表すと、シンジケートの活動は次のページのようなものだった。

これらの数字は上場のために用意されたものではないが、正確に事実を表している。人々は趣意書にあるいくつかの暫定的な数字のほかにはその会社の収益力のことを何も知らなかった。その趣意書はグリーンバウム氏によれば金融における福音であったが、それが投資家の間に熱狂的な信奉者を生み出すことはなかった。キプリングの船とは異なり、その株式は自らのことを知らなかった。それは市場で実証されておらず、経験も積んでいなかった。だれもそれをどれだけ当てにできるか知らなかった。万が一のときにまったく

授権株式	3000万ドル
授権債券	2500万ドル
合計	5500万ドル
実際の資産価値	1280万ドル
純額	4220万ドル

アメリカのテレビン油生産量の90%（そして消費量の121%！）を占める41軒の蒸留所の所有者への支払い

債券の売却による現金	8,975,983ドル
債券	12,000,000ドル
株式	18,249,800ドル
合計	39,225,783ドル
シンジケートの手数料・株式	12,988,500ドル
会社の金庫への保管・未発行	2,000,000ドル
経費や債券の割り引きなど	785,717ドル
合計	55,000,000ドル

売却できなくなるかもしれないため、銀行はそれを貸し付けの担保証券として扱おうとせず、「投機的な集団」（新聞は株で賭けをする人々をこう呼ぶ）はそれに手を出そうとしなかった。シンジケートはその「市場」を作る必要が、つまりだれもがいつでも過度に苦労することなく、過大な価格変動を引き起こすことなく、アメリカン・テレビン・カンパニーの株式を容易に売ることができるような状態を実現する必要があった。シンジケートは手数料を稼がなければならなかったのだ。

報酬の一部を株式で受け取ったすべての工場主は、グリーンバウム氏から、どんな状況でも一株七五ドル以下で保有株を売らないようにと、かなり強く言われた。彼らはグリーンバウム氏を知らなかったが、ためらうことなく心から彼の言うことに従うと約束した。彼と話をしたあとで、保有していればいつかは一株八〇ドルにはなるだろうということを夢見ていた。これによって、少しでもテレビン株を保有しているシンジケート以外の人々だけが早く「処分」をすることはできなくなった。

グリーンバウム氏は「タープ」の市場における行動を管理した。タープというのはティッカーテープがアメリカン・テレビン・カンパニーを表すときの名前である。初めは、株価は「なれ合い」注文、つまり前もって取り決められており、そのため誠実ではない取引によってつり上げられた。グリーンバウム氏はブローカーの一社に「タープ」一〇〇〇株を別のブローカーに売るように言い、そのすぐあとに二社目のブローカーが同じ一〇〇〇株を第三のブローカーに売り（これがなれ合い注文の過程だ）、その結果としてティッカーテープは二〇〇〇株の取引を記録した。こうした「なれ合い」がしばらく続くと、そのティッカーテープを見た人々はこの株式が本当に活発で好調なのだと考えるようになる。すると、この二つの事実が購買欲を刺激することになる。「なれ合い」注文は取引所の規定に反していたが、何がそのような注文になるのかは分からなかった。

「タープ」の株価は二五ドルで始まり、シンジケートが市場のすべての株式を保有するとすぐに三五ドルへとつり上げられた。証券取引所の正式な記録によると、毎日何千株も「持ち主が変わり」――グリーンバウム氏の右手から左手へ、そして左手から右手へ――、株価は着実に上昇した。しかし、そこには何かが欠けていた。その操作には説得力がなかった。これによって、一般の人々がこの株式に興味を持つことはなかった。唯一の買い手は「ルームトレーダー」、つまり取引所の会員であり、自分自身のためだけに投機をする、職業として株式の売買に賭ける人々だった。そして投機をしなければ生きていられず、熱心にティッカーテープを観察していたため「テープの虫（tape-worms）」というあだ名で知られていた、株式仲買店の顧客も買い手となった。こうした紳士たちは、取引所の内外で、興味深い言葉で上昇を予言する情報を仕入れると何でも買おうとした。資産の実質的な価値は皆無で、資本金は一億ドルだったバックベイ・ガスの例のように、厚かましく資本を投下された企業から国債まで、何でもだ。

さて、ルームトレーダーとテープの虫たちは、「グリーンバウムギャング」が株式をすべて持っており、必然的に「ギャング」はその市場を見つけなければならないだろうと論理的に考えた。そして、それを解決する唯一の方法は大きな「ブル相場」、つまり大きく上昇する値動きを作り出すことだった。株価が上昇し続けると、新聞はそれに関する儲け話であふれ、子羊たちはそれを読んでも走り去ることはない。彼らは、株価がすでに一〇ドル上がったのだからさらに一〇ドル上がるかもしれないと思って、それを買う。これによって、なぜウォール街で非常に多くの儲けが――その業界の人々に対して――出ているのかの説明がつく。

グリーンバウム氏と彼の同僚は、ウォール街とその秩序によく通じており、注意深いが大胆で、先を見通して、きわめて時流に乗るのがうまい抜け目のない実業家たちの例外的な同盟だった。彼らは実務的な資本家だった。彼らは「タープ」の価格を一〇ドル上げた。

しかし、それを人々が買うように大衆の関心を刺激することはできなかった。実際、株価が上昇しているから買うべきだという印象的なアドバイスが「街」にあふれていた三週間目の終わりに、彼らは悩みの種となる多くの株式を持っていただけだった。資金が必要だったために三八ドルで売却した蒸留業者であるアイラ・D・キープから六〇〇〇株を受け取った。そして彼らは、「ギャング」が三〇ドル、三一ドル、三二ドル、三三ドルで売ったのと同じ株式を「ルームトレーダー」から三五ドルや三六ドル以上の価格で買うことも強いられた。それから、この操り手たちはより高い水準で株式を「買い支え」なければならなかった。つまり、彼らは株価が下落するのを防がなければならなかったが、それは継続して買うことによってしか実現できなかった。こうすることで、この株式には市場に詳しい人々からの大きな需要があるため、これまで大きく上昇し、注目すべき価値があると大衆が考える可能性があった。そして、だれもが「タープ」を買いたいと思うのならば、どうして大衆がそれを買いたいと思わないことがあるだろうか。大衆はたいていそのように考える。それは魚が餌をつつくような性質を持っていて、金融における釣り人の心を喜ばせる。

「タープ」を売ろうとするあらゆる試みは失敗に終わった。しまいには、価格を「魅力的なほど安い」水準まで下げることになった。それは実行された。しかし、それでも人々は買うのを拒んだ。空売り総額を「スクイーズ可能な」比率にまで過大に高める努力も同様に失敗した。ウォール街は、これだけがっちり保有されている株式を「空売り」することを恐れたのだ。空売りの原理は単純だ。それは、実際には価値が低下するほうに賭けることを意味する。「空売り」をする人は、保有しているものを売るわけではないが、あとでより安い価格で買い戻しができることを期待する。しかし、売る株式を受け渡さなければならないため、ほかのだれかから株式を借り、貸し手に十分な担保を与える。「買い戻し」、あるいは「買い埋め」とは、過去に空売りした株式を買うことである。明らかに、保有者が少ないために借りるのが難しいと考えられる株式を空売りするのは愚かなことだ。空売りの「スクイーズ」とは、「買い戻し」を引き起こすために価格をつり上げることである。これは空売り総額がスクイーズを行う価値があるほど多いときに行われる。

ウォール街において「タープ」の名前が知れ渡るとともに、「タープ」のとりとめもない一貫しない値動きが評判を悪くした。この会社の素晴らしい未来が吹聴されているのに、売り抜けられた株式は三万五〇〇〇株に満たなかった。広く使われていた呼び名の「テレビン・ダマシンジケート」のメンバーは、彼らがこの信託をうまく組織し、債券をとてもうまく扱ってきた。しかし、相場の操り手としてはそれほど成功していないということを認めざるを得なかった。その後の八カ月の間に、彼らはさらに株式を売った。彼らは夫を亡くした女性にも親を亡くした子供にも容赦しなかった。親しい友人すら「利用」した。彼らは費用のかかっていない株式を売っていた。もっと売りたいと考えるのは当然のことだった。

さて、株の操り手は、生まれるのであって作られるのではない。その技術はかなり難しい。操縦されているのが分からないように株価を操らなければならないからだ。だれでも株式を買ったり売ったりすることができる。しかし、株式を売ると同時に、自分がそれを買っているので、株価が必然的に上昇するに違いないという印象を与えることはだれにでもできるわけではない。そのためには大胆さと熟練の判断力、株式市場のテクニカルな状態の知識、計り知れない創造力と頭の回転の速さ、賭けにおける興味深い心理面における洞察や、ウォール街の人々、そしてアメリカ人の見事な創造力に接した長い経験が必要だ。利用すべきさまざまなブローカーと、彼らの能力や欠点や個人的な気質や価格を、十分に知っておくことは言うまでもない。

さらに、適切な操縦の過程はたくさんの苦労と忍耐と資金を伴ったときにのみ完全となる。ウォール街の専門家は、「テープが物語を伝える」といつも言うだろう。そのため、小さなリボン状の紙は、操り手が人々に伝わってほしいと望むような物語を伝えるように作られなければならない。操り手は、魅力的な自発性と、とりわけ正当性や誠実さを持っているように見せ続けるような一定の効果を生み出さなければならない。そして、優れたウソの名人であると同時に、グリズリーのような最高の自信を持っていなければならない。

シンジケートの数人はこうした資質の多くを持っていたが、すべてを備えている者はいなかった。「タープ」の株式はこれまでにウォール街が見てきたなかで最高の操り手であるサミュエル・ウィンブルトン・シャープ氏に委ねられることになっていた。「ジェイキー」・グリーンバウム氏は、この偉大な相場師と交渉を行うつもりだと言った。

シャープ氏は金融の世界におけるフリーランスであり、渡世人であり、異端者だった。彼はアリゾナの野営地を採掘することで最初の富を築き、その土地は狭すぎると気づいたために、心行くまで賭けができるニューヨークに行きついた。彼は理想的な操り手そのものか、それ以上の存在だった。彼は口元に冷笑を浮かべ、金銭的な意味で手には弾を込めたリボルバーを持ってニューヨークにやって来た。ほかの「大物相場師」は彼のことをあまり快くは感じていなかった。「私は武器を隠さずに持ち運ぶよ」とシャープ氏は彼らに話した。「そしてあなたたちは短剣を隠しています。誠実に見せかけて裏切って傷を負わないでください。私はけっしてあなたたちのような人を裏切ったりしません」。この出会いによって、けっして解消されることのない対立が生まれた。シャープ氏には、ほかのだれかに対して売り払うようなものはなかったし、彼の競争相手がよくやっていたように、上手なウソによって過大評価したり、違いの分からない人々に売ったりする資産もなかった。そのため、彼らはシャープ氏を投機家と呼んで強く批判し、シャープ氏は彼らを慈善家と呼んで小ばかにした。彼は、株式が過度に割高だと思えば自信を持って、積極的に、ものすごい勢いで売った。株式が安すぎると思えば、すべての売りを引き受け、それ以上に買う準備ができているというほど大胆に買った。そしてこの行進の途中で、彼は一時的に阻まれたり、敵によって一日や一週間、あるいは一カ月立ち止まることを強いられたこともあったが、必ず目的を果たした。そしていつも勝ったのである。

それから、株価の操縦者としてシャープ氏に匹敵する者はいなかった。彼はブル相場でとても着実に、とても大胆で鮮やかに、そして何にもまして非常に説得力のある形で株価を上昇させたため、彼よりも劣った相場師たちはその株が信じられないほど高い価格で彼から売ってもらうために努力したようなものだった。そして、彼の名人芸であるベア相場を生み出すときには、彼は相場を「ぶっつぶす」決心をしており、株の価値は魔法のように消え去った――悪魔の魔法だ、と多くの人々は思っただろう。すべての株が「不振」に見え、株価がさらに下落するように思われた。これから訪れるさらに悪い事態へのささやきが、ぼんやりと、不穏に、破滅を引き起こすかのように聞こえてきた。ウォール街の空気は不安で過飽和になり、恐慌の黒い影が証券取引所に垂れ込め、取るに足りない相場師たちの心を冷やし、彼らの証拠金は泡と消え去った。そして堅実で控えめな銀行の頭取でさも職場で不安げにティッカーテープに見入った。

グリーンバウム氏はすぐにシャープ氏の専用オフィスに入ることを許された。そこは薄暗い部屋で、窓には夏でも冬でもワイヤスクリーンが付いていて、身元がウォール街に知られないことが望ましい訪問者や内密のブローカーが通りからのぞけないようになっていた。彼は部屋のなかを行ったり来たりし、ときどき立ち止まってティッカーテープを見た。ティッカーテープは株式市場で一般の人々が持っている唯一の望遠鏡である。それによって彼の力が何を引き起こしているのか、そして相手が彼の攻撃にどう対処しているのかを見ることができる。ティッカーテープの一センチごとが、どれも非常に多くのことを示唆していた。付いた価格のすべてがとても多くのことを表していた。

シャープ氏の音のしない忍び足や彼の口ひげ、顔（額が広く、顎は先がとがっていた）には、どこかずる賢さが感じられた。目にはどう猛さが感じられた。シャープ氏がヤコブ・グリーンバウム氏を見るとき、それは心から冷酷で、冷ややかな好奇心に充ちていた。この想像力に欠けた信託の設立者は、無意識のうちに、シャープ氏の心臓の鼓動は株式市場の動きを表すティッカーの刻みではないのだろうかと自問した。

「こんにちは、グリーンバウム」

「ごきげんよう、シャープさん」と、グリーンバウム・ラザルス社の代表社員である富豪は言った。「お元気ですか」。彼はあたかもシャープ氏の体調を確かめるかのように、なで回すような目で見ながら頭を横に傾けた。「ああ、お元気なようですね。あなたがこれほど元気そうなのを長い間見ていませんでした」

「それを言うためだけにここに来たわけではないだろう、グリーンバウム。テレビンはどうなっている？　ああ！（ここで長い口笛を吹いた）分かったぞ。私にそれに加わってほしいのだろう」と言って、シャープ氏は笑った——半分は含み笑い、もう半分は怒りのようだった。

グリーンバウム氏は彼を称賛の目で見た。それから、ためらいがちに笑いながら言った。

「見破られてしまいましたか！」

ほとんどすべてのアメリカ人は、ユーモアの面では同等だろう。もっとも重要な仕事上の問題で冗談を言うことは、その国民性を示していた。さらに、もしシャープ氏が拒否すれば、グリーンバウム氏はこの件全体（提案と却下）を冗談として扱おうとしていた。

「それで？」とシャープ氏は面白くなさそうに言った。

「株価操作に何か問題でも？」

「どこまでやる？」と、シャープ氏は冷たく聞いた。

「限界いっぱいまで」と、信託の設立者は再びあやふやにほほ笑んだ。

「君が資本金をすべて所有するわけではないだろうね」

「ええ、一〇万株と考えてください」とグリーンバウム氏はさらにあやふやで陽気さを失いながら言った。

「君のほかにはだれが参加しているんだ？」

「それはご存じのとおり、相変わらずの仲間たちです」

「ああ、ご存じのとおり、ね」とシャープ氏は小バカにしたように口調をまねた。「相変わらずの仲間たち。君は前にも私を訪れたのだろう。君たち自身の評判を乗り越えるには、それなりのものが必要だろう。それぞれにどれほど必要だろうか」

「あなたが統制すれば、それは問題ないでしょう」とグリーンバウム氏は笑って答えた。「われわれは一〇万株以上を手にしていて、ほかのだれかにその一部を保有してほしいと考えています。われわれは売りでも買いでもどちらでもよいわけではありません。ハハハ！」

「しかし蒸留業者たちは？」

「投機プールに加わっています。彼らの株式のほとんどは私の会社が確保しています。私がそう言うまでは売りが出ないようにするつもりです」

一瞬の間があった。シャープ氏の眉間には二本の深いしわがあった。ついに彼が口を開いた。

「今日の午後、君の仲間をここに連れてきてくれ。さようなら、グリーンバウム。最後に言わせてほしい」

「はい？」

「ゲームのどの段階でも、隠れておかしな動きをしないように」

「そのようなことを言って何の役に立つのですか、シャープさん」と、これまでの経験から眉をひそめてグリーンバウム氏は言った。

「君がこっちを試そうとしなくなるという利点がある。四時に私のところに来なさい」と言って、シャープ氏は部屋のなかを行ったり来たりし始めた。グリーンバウム氏はまだためらいがちに、眉をひそめながら口ごもっていた。しかし、彼は何も言わず、ようやく外に出た。

シャープ氏はテープを見た。「タープ」は二九と四分の一ドルだった。

彼は再び落ち着きなく行ったり来たりした。シャープ氏があちこちを見ながらも何も視界には入らず、見せ物の動物のように部屋のなかを機械的に歩き回ることをしないのは、相場が「彼に反した」ときだけだった。予測していなかったことが相場で起こるとシャープ氏はティッカーのそばに立ち尽くしたが、それは彼の過度に働いた神経が張り詰めていたからだった。それはまるで、おりのなかに見慣れない餌になる動物が入ってきたときのトラのようだった。

四時になるとすぐに、グリーンバウム・ラザルス社、I&Sウェクスラー、モリス・シュタインフェルダーズ・サンズ、ライス&スターン、コーン・フィッシェル社、シルバーマン&リンドハイム、ローゼンタール・シャフラン社、ゼーマン・ブラザーズの代表社員たちがシャープ氏のもとを訪れた。

彼らは個人用オフィスではなく、馬と競馬の派手な油絵で壁が覆われた豪華な家具のある部屋に案内された。訪問客たちはオーク材の長いテーブルの周りに座った。

シャープ氏がドアから現れた。

「ごきげんよう、皆さん。どうか立たないでください。立たないで」。彼はだれとも握手をするそぶりを見せなかったが、グリーンバウム氏が決然として太い右手を差し出すと、シャープ氏はそれを握った。それからグリーンバウム氏は腰を下ろし、「やってまいりました」と言って穏やかにほほ笑んだ。

シャープ氏は磨かれて輝いているテーブルの上座に立って、二列に並んだ警戒した様子の顔をゆっくりと見回した。彼の視線は、それぞれ各人の目で数秒間とまった。高齢者は落ち着かず、若者は憤慨するような、鋭く、半ば軽蔑的な、ほとんど威嚇するような視線を送った。

「グリーンバウムは、あなたたちがテレビン株の株価操作を行っており、私にそれを売ってほしいと考えていると言っています」

全員がうなずいた。数人は「はい」と言った。二七歳のリンドハイムだけは「そう考えています」とふざけた調子で言った。

グリーンバウム・ラザルス社	38000株
I＆Sウェクスラー	14000株
モリス・シュタインフェルダーズ・サンズ	14000株
ライス＆スターン	11000株
コーン・フィッシェル社	10000株
シルバーマン＆リンドハイム	9000株
ローゼンタール・シャフラン社	9800株
ゼーマン・ブラザーズ	8600株
合計	11万4400株

「よいでしょう。皆さんそれぞれの比率はどうなっていますか」

「ここにリストがあります、シャープ」とグリーンバウム氏が言った。彼は同僚に対する効果を狙って、わざと「さん」を付けて呼ばなかった。シャープ氏はそれに気づいたが、気にしなかった。

シャープ氏は声に出してリストを読み上げた。

「これで間違いありませんか、皆さん」とシャープ氏が尋ねた。

グリーンバウム氏はもっとも大きいブロックを支える者に適しているかのように、うなずいて愛想よく笑った。「はい」と言う人もいれば、「間違いありません」と言う人もいた。若いリンドハイムは「そう考えています」と言った。彼の会社の設立者（叔父と父親）は亡くなり、彼は二人から事業全体を受け継いだ。しかし、彼の軽薄さはどちらから受け継がれたわけでもなかった。

「分かりました」とシャープはゆっくりと言った。「私がこの株価操作をすべて担当し、適切だと思う運営を行えばよいのですね。助言や質問は一切受け付けません。何か必要なことがあれば、それをします。これが私の唯一のやり方なので、私の方法があなた方の気に入らないのであれば、今ここで、このことはなかったことにしましょう。私の仕事は理解していますし、あなた方も自分の仕事を理解しているのであれば、このオフィスでは口を閉じて干渉しないでいただきたい」

だれも、リンドハイム氏でさえも、何も言わなかった。

「あなた方は、このリストで保有することに応じた株式を持ち続けてください。あなた方はそれを一年間保有していて、売ることはできなかったし、これからも私が代わりに売るまでの数週間は保有し続けることになります。売るときが来たら、私から電話します。私はこの会社の事業を調べており、その株式は七五ドルから八〇ドルで簡単に売れると考えています」

八人の鍛え抜かれた相場師たちは、驚きで息をのんだようだった。そしてグリーンバウム氏は、それが彼の計画であり、シャープ氏がそれを覚えていて話したのであるかのように、したり顔でほほ笑んだ。

シャープ氏はとても静かに続けた。「それから、あなた方はこのリストにおける持ち分のほかにはどんな株式も売りに出してはならず、その持ち分ももちろん私によってのみ売ることができることも了解していると思います」。だれも何も言わず、彼が話を続けた。

「株が二九ドルで投資されていることを考えると、私の利益はこの株価操作の儲けの二五％になるでしょう。残りの利益はあなた方の間で持ち分に応じて分けることになります。必要経費も同じように負担することになります。これで全部かと思いますが、皆さん、こっそりと売るのはやめてくださいね、一株もです」

「シャープさん、われわれにはそのような約束をたがえる慣行などないことをぜひ分かってほしい……」と、グリーンバウム氏が形だけの威厳をもって答えた。彼は同僚よりも先に抗議する義務のようなものを感じていた。

「ああ、大丈夫だ、グリーンバウム。君のことは分かっている。だから私は特別なのだ。私たちが仕事をしているのはウォール街だ。私はただ『ごまかしをしないで』と言っただけだ。それから、グリーンバウム」と彼ははっきりと付け加えたが、その目は好奇心の強い、冷たく、不穏な表情を帯びていた。「君たちの株券すべての数を知りたい。失礼します、皆さん。私はとても忙しいのでね。ごきげんよう」

このようにして、テレビン油の名高い強気な投機プールが形成されるに至った。彼らはシャープ氏のことをもっと素晴らしい人物で、外交的だと考えていたかもしれない。しかしシャープ氏が彼らを理解するのではなく、彼らがシャープ氏を理解するにつれて、彼らはシャープ氏の風変わりな言動にうんざりするようになった。さまざまな種類の株価操作の投機プールがあるのと同じように、それぞれの投資マネジャーには自分だけのやり方があった。

「サムはそんなに悪い人ではない」と、グリーンバウム氏は親友の欠点を謝るかのように彼らに話した。「彼は皮肉屋の権化だと思わせたがっているが、彼に問題はない。彼に調子を合わせれば何でもさせることができる。私はいつも彼の思いどおりにさせている」

そのまさに翌日、テレビンは歴史的な上昇を始めた。その日は三〇ドルで寄り付いた。専門家たち（そこで取引を専門としているブローカー）が一万六〇〇〇株を買い、株価は三二と八分の一ドルへと上昇した。それよりも高い価格で「着地」し、それ以来ひどく後悔していた人々はみんな、今になって望みを持ち始めた。これまでは株が人を欺く意図と悪意を伴って操作されたこともなければ、シャープ氏がテレビン株を操作したこともなかった。テープは世界でもっとも素晴らしい物語を伝えていたが、それが完全に虚偽だからといって、その素晴らしさが減じることはなかった。そしてある日、ウォール街でも有数の株式仲買店が買い手となり、このことは必然的に「重大な進歩」という話題につながった。その翌日、信頼できる優れた金融業者として知られているブローカーが、静かに、慎重に、平然とすべての買いを引き受けた。これは明らかに、この金融業者がアメリカン・テレビン・カンパニーの「支配権」（株式の過半数）を取得したことを意味していた。そして別の日には、普段はグリーンバウム氏のシンジケート向けに商売をしているブローカーによる「端株」（一〇〇株未満の株数）の購入が長く続いた。これは、シンジケートの仲間が「インサイダー」から直接「情報」を得て、投資のために買っていたことを意味した。

それから、多くの人々の気分がとても良く、一般市場がとりわけ堅調だったある晴れた日に、おしゃべりなティッカーテープがウォール街の用心深い熟練の勝負師たちに、とても簡潔に「インサイダーによる現金化」があったことを伝えた。つまり、彼らにとってほとんど明らかなことに、その資産をもっともよく知っている人々が売りに出ていたのだ。シャープ氏はブル相場へと導く間に買い集めをしなければならなかった株式（価格を上昇させるためにたくさん買わなければならなかった）をわざと下手に売って、「スクイーズ」から儲けを見込めるほど大きい空売り総額を生み出すような印象を与えるのを避けなかった。彼はブル相場の側にあまりにも多くの仲間を抱えていた。そして案の定、熟練の相場師たちは「なるほど、彼らは目的を達成したのだ。この動きは終わった」と考え、自信を持って「タープ」を空売りした。無用の株式には、一株四六ドルで売買される筋合いはなかったのだ。価格は下落し、翌日にはさらに売られた。しかし驚いたことに、その次の日にとても保守的な企業の取締役が「タープ」の仲間に加わり、買い始めた。彼は価格を競り上げたわけではなかったが、二万株を買い集め、売り手たちはうろたえ、配当が近いというわさが流れ始め、弱気筋は損失を出しながらも空売りを買い戻して「買い持ちに転じ」――つまり将来上昇することを見込んで買い――、株価は五二ドルで引けた。

そしてシャープ氏は株価操作のために買わざるを得なかった「タープ」株を大幅に減らした。それまで彼は売るよりも多くの株式を買っていた。しかし、その後は買うよりも多くの株式を売るようになった。需要が供給を上回ると、もちろん価格は上がる。売りに出る供給が需要を上回ると、価格は下がる。しかし、たとえ売りの過程で下落が起こっても、大きな一連の流れにおける平均的な売値は、この動きを実行することから利益を得るのに十分なほど高い可能性がある。

「タープ」は一週間動きを止め、それから再び上がり始めた。五六～五八ドルになったとき、「タープ」株は上場されているすべての株式のなかでもっとも活発に売買が行われるようになっていた。だれもが「タープ」について話していた。新聞はこの会社の素晴らしい利益について書くようになり、ウォール街はアメリカン・テレビン・カンパニーがほかの「信託」と同じようにとても有望な事業なのだと考えるようになった。この会社は当時、毎週一ガロン（三・七八五リットル）当たり数分の一セント値上げするのが習慣になっていたため、新聞はテレビン油の取引の急成長を書くことができた。

六〇ドルになると、ウォール街は本当にこの動きの裏に何かがあるに違いないと考えるようになった。これは単なる株価操作では一カ月のうちに株価を三〇ドルも上げることができないからなのだが、このことはシャープ氏がいかに優れた名人であるかを示していた。そして人々は「ジェイキー」・グリーンバウム氏とその加担者たちを興味深そうに、感嘆して、うらやましそうに、さまざまな羨望のまなざしで見るようになった。そしてグリーンバウム氏たちが「おいしい銘柄」である「タープ」をすべて彼ら自身のものにしたかったために、かわいそうな経験の浅い株主たちを「締め出し」、初期の買い手を「疲弊させる」

ために、わざと株価を一年間安く保っていたと言って責めた。グリーンバウム氏たちは気まずそうな顔をして笑い、何も言わなかった。ただ、グリーンバウム氏は彼らがそれについて話すとときどきウインクをし、高齢のイシドア・ウェクスラー氏は鋭いナポレオン三世のような極悪の顔つきをし、「ボブ」・リンドハイム氏は堂々としており、近視で小柄なモリス・シュタインフェルダー氏は七キロ体重が増え、ローゼンタール氏はだれ彼かまわず背中をたたくのをやめて、黙って自分の背中をたたくように勧めた。

その後、シャープ氏はグリーンバウム氏を呼びに行かせ、その翌日に若い「エディ」・ラザルスがその年に「タープ」株に対して公表される配当として五〇〇〇ドルではなく、一万ドルを請け合うことを威張って提案した。するとすぐに新聞が、配当がどれほど、そしていつ支払われるのかを自然と推測し始めた。そして役員会では、「きわめてこっそりとインサイダーから直接情報を仕入れた」と聞き手に打ち明けるブローカーたちがさまざまな数字を口にした。その二日後、シャープ氏の知らないブローカーが一〇万株の配当に対して一と四分の三ドルを支払うとの情報を流し、配当が六カ月以内に公表されなければその金額は失われるだろうと言った。株は最高で六六と四分の三ドルで売られ、大衆はそれを買い求めた。大きく広範な市場が築かれており、そのなかで株を何万株も売買することができた。一一万四四〇〇株は、この動きの初めには一株三〇ドルで理論的に三四三万二〇〇〇ドルだったが、今では一株六五ドルですぐに売ることができ、これは七四二万二〇〇〇ドルになっていた。数週間の仕事にしては悪くないだろう。

それでも驚くべきことに、シャープ氏は売却を始めようとしているそぶりを見せなかった。すると、投機プールのほかのメンバーたちはシャープ氏があまりに欲深くないことを祈るようになった。もうそろそろやめてもよいのではないか。彼らの会社における投機プールの株式の存在は、彼らの気に障り始めていた。彼らは人生の浮き沈み、政治や株式市場の不確実性をよく知っていた。もし正気を失ったある無政府主義者がアメリカの大統領を爆殺したり、ドイツの皇帝が彼の祖母を侮辱するようなことがあれば、市場は粉々に「砕け」、彼らの含み益四〇〇万ドルは消えてしまうだろう。彼らは集団でも個人でも、ヤコブ・グリーンバウム氏にシャープ氏を訪ねるように懇願した。グリーンバウム氏はそうしないように警告する内なる静かで小さな声を無視して、シャープ氏のオフィスに行き、二分後には少し紅潮して外に出てきて、同僚たち一人ひとりに、シャープ氏には問題がなく、自分の仕事を分かっていると請け負った。また、シャープ氏はその日、不機嫌だったとも言った。シャープ氏の馬が競馬で負けたときはいつもそうなのだと彼は寛容に付け加えた。

株価は六〇～六五ドルの間で変動した。それは一休みしているように見えた。しかし、株価が上昇する間に三回動きが落ち着く期間（四〇ドルと四八ドル、そして五六ドル）があったため、大衆はなおさらそれが六〇ドルや五九ドルにまで下落したら、いつでも買おうと思うようになった。ウォール街は今や、「タープ」が一〇〇ドルに達するだろうという情報であふれていたのだ。そして、大衆の投機的な傾向とシャープ氏の見事な仕事は相当なものだったため、関心のなかった傍観者たちもこの株は少なくとも九〇ドル以上にはなるだろうと確信した。シャープ氏はなお買ったり売ったりしていたが、買う量の二倍を売っており、彼が株価操作の過程で負うことを強いられていた大きなブロックは小さくなった。その翌日、彼は投機プールの株式を売ることに決めた。

ちょうどその日、グリーンバウム氏は昼食から職場に戻り、食事に、そして自分に、ひいてはあらゆることに満足していた。彼は一～二メートルのテープに目を通してほほ笑んだ。「タープ」は確かにとても活況で、とても好調だった。

「このような相場では」とグリーンバウム氏は考えた。「シャープはまさか私から株を買っているとは分からないだろう。自分が安全を確保しておくために、彼に数千株売ろう。そうすれば、何があってもとても有利になるだろう。アイク！」と彼は事務員を呼んだ。

かったかな」

「はい」

「二、待て、三〇〇〇株を売ってくれ。いや、気にするな。エド・ラザルス氏を呼びに行かせてくれ」。そして彼は喜びに震えながら独り言を言った。「五〇〇〇株でも問題はなかったかな」

「エディ、ルームトレーダーのだれか、ウィリー・シフに、五、いや、六、彼にテレビンを七〇〇〇株売って、株を借りるように言ってくれ。私は一株も売っていない、いいね？」と彼は共同経営者の息子に言ってウインクをした。「これは彼の空売りだ、分かったか？」

「私ですか？　ええ、そう思います。その点は問題なく行います」と若いラザルスはのんきに言った。彼はグリーンバウム氏の証拠をうまく隠し、とても不愉快な人物であるサミュエル・ウィンブルトン・シャープ氏を含むすべての人々をだまそうと考えていた。彼は若者によくあるように強い自信を感じて得意げになっており、友人でありクラブの仲間でもあるウィリー・シフに発注を伝えるときに、一万株へと株数を引き上げた。グリーンバウム氏による裏切りは、比較的少ない株数の二〇〇〇株からその五倍にも増大した。それは見かけ上は空売りであり、若いシフが株を借りて売ったことになった。少なくとも、そのように見えることが望ましかった。そもそも投機プールの仲間のうち、みんなが保有している株を供給することはできなかった。シャープ氏は株券の数を把握しており、オフィスへの売却を突き止めることができたからだ。さらに、空売りには保有株の売りが持っているような下げ圧力の効果がない。株が空売りされると、遅かれ早かれ売り手がそれを買い戻さなければならないのは明らかだ。つまり、その株に対する将来の需要は他の要因がなければこれによって確実となる。その一方で、保有されている株式は実際にだれかが手元に持っている。

グリーンバウム氏がまったく良心の呵責にさいなまれなかったその日、一万四〇〇〇株を保有していたイシドア・ウェクスラーは肝臓の持病に悩まされていた。その週に有名な美術コレクションが競売にかけられることになっており、彼は品のない友人の「エイブ」・ウォルフが名前を新聞に載せるためだけに、ひときわ高級なトロワイヨンの絵や世界的に有名なコローの絵をいくつか買うだろうと思っていた。

『『タープ』、六二と八分の七ドル』と、ティッカーのそばに立っていた彼のおいが言った。そのとき、年長のウェクスラーには考えがあった。もし彼がテレビン二〇〇〇株を六二～六三ドルで売れば、コレクションのなかでもとっておきの絵画を一〇点買うのに十分な資金が得られるだろう。彼の名、そして支払った金額は新聞の囲み記事になるだろう。シャープがこの株のために大きく、広範な市場を作ったのだから、三〇〇〇株、いや、もっと言えば四〇〇〇株であればどうだろうか。

「いや、せっかくだから五〇〇〇株にしてもよいだろう。シャープがこの市場に長居したとしても、どうなるかは分からないのだから。ウエストハースト（彼の田舎である）に新しい馬小屋を建てて、シャープに敬意を表してテレビン・ホース・ホテルと名づけよう」と、高齢のウェクスラーはウォール街でも有名な独特のおどけた口調で独り言を言った。そしてウェクスラーから発注を受けたヘルツォーク・ウェルトハイム社がE・ハルフォードにそれを伝え、彼の五〇〇〇株を売った。もちろんそれは空売りだった。

これで裏切り行為は合計で一万五〇〇〇株となった。

さて、ちょうどその夜、ボブ・リンドハイム氏のとても美しい妻は、ネックレスを一刻も早く欲しがっていた。しかも彼女が欲しがっていたのは、ヘーゼルナッツほどの大きいダイヤモンドのネックレスだった。彼女は夫がサム・シャープ氏の巧みなテレビン株の操作について称賛するのを聞いており、彼が「最初から参加している」ことを知っていた。彼女は新聞を読み、常に株式市場をよく把握していた。それは、若くて愛情深いボブがときどき株取引の分け前を彼女に与えており、「紙の上の利益」、つまり含み益をボブが「ごまかそう」としてもごまかせないように、それを自分で計算することを覚えたからだった。その日の夜、彼女は彼に対していくら儲けたかを示すための数値データを準備して、そのネックレスを買ってほしいとねだった。彼女はそれを何カ月も前から欲しいと思っていた。たったの一万七〇〇〇ドルだ。しかしその店には素敵なブレスレットも、ダイヤモンドも、ルビーもあった……。

リンドハイム氏は、妻から未来永劫、感謝されるために強く言った――「投機プールの資金が現金化されるまで待ってくれ。シャープは何も言わないから、どれほどの価格で売ることになるかは分からない。しかし私たちは全員、君も同様に、かなり儲けられると思う。一株三〇ドルで五〇〇〇株あげよう。ほら！」。

「でも、それが今欲しいの！」と彼女は不機嫌に言った。彼女は確かに美しく、それは鮮やかな赤い唇をとがらせたときも変わらなかった。

「一週間待ってくれ、ハニー」と、彼はそれでもなお頼んだ。

「今お金を貸してくれれば、その取引で私が儲けた分を渡してくれるときに返すわ」と、彼女はかなり強く言った。そしてボブの顔にためらいが浮かぶのを見て、真剣なまなざしで付け加えた――「本当に返すわ、ボブ。今度は一セントたがわず返すから」。

「考えてみるよ」とボブは言った。彼は降参したときにいつもこう言うのを知っていたので、彼女は満足して言った――「いいわ」。

リンドハイム氏は一〇〇〇株で足りるだろうと考えたので、翌日に一〇〇〇株を売ることにした。何が起こるか分からず、予期しない出来事からブル相場が生まれることはほとんどないからだ。しかし、妻と彼女の影響力から離れて、職場でもっと静かに、落ち着いて考えるにつれて、テレビン株を一〇〇〇株売るのは間違いだという考えが浮かんできた。彼は二五〇〇株を売ったほうがよいだろうと考えた。そしてそのようにした。彼は実際には控えめな人間だったが、とても若かった。彼の妻のいとこが彼に代わって株を売ったが、それはまさに空売りだった。

これで裏切り行為は一万七五〇〇株となった。市場はそれに対してよく耐えていた。シャープ氏は確かに素晴らしい人物だった。

不運なことに、モリス・シュタインフェルダー・ジュニアは「タープ」一五〇〇株を売ることにし、それを実行した。彼が売りに出したとき、株価はかえって〇・五ドル上がった。そこで彼はさらに一五〇〇株を売り、捨てぜりふのようにもう五〇〇株売った。これらはすべて信頼できるブローカーを通して行われた。

	初めに考えていた売り（株）	ためらった時間（分）	実際の売り（株）
ルイ・ライス	1500	3	2600
アンディ・フィッシェル	2000	15	5000
ヒューゴー・ゼーマン	1000	0	1000
ジョー・シャフラン	500	1.75	1800

裏切りは合計で二万一〇〇〇株になった。しかし、相場はわずかに影響を受けただけだった。

その後、ライス＆スターンのルイ・ライス、コーン・フィッシェル社の「アンディ」・フィッシェル、ゼーマン・ブラザーズのヒューゴー・ゼーマン、ローゼンタール・シャフラン社の「ジョー」・シャフランはみんな、シャープ氏との約束を破ってもバレないだろうと考え、それぞれ安全を期して売った。これらをまとめると上のようになる。

裏切り行為は合計で三万一四〇〇株になった。

市場はそれを良く思わなかった。シャープ氏は株価操作のために買った株の残りを現金化しようとしたとき、「だれかが彼よりも先にそこにいた」ことに気がついた。

彼の補佐が、毎日買い手と売り手の正確な一覧を送ってきていた。もっとも熟練した相場師でないかぎり、株式を大量に売ろうとするときに必ず本性を現してしまうからだ。彼はそれをすぐに注意深く調べ、二つと二つを組み合わせた。そしてさらに信頼できる調査を行い、四つと四つ、つまり四つの名前と別の四つの名前を組み合わせた。彼は偽りの空売りという使い古された策略を見抜いた。シャープ氏には、このような大量の売りをしようとするのは彼の身内しかいないということが分かっていた。また、彼らの裏切りは互いに協力し合ったものではないことも確信した。もしこれについて話し合っていたならば、もっと少ない量を売るだろうからだ。彼にはほとんどすべての株がどこにあるか分かっていた。それについてすべてを知ることが彼の仕事だった。

「二人がこの策略にかかわっている可能性がある」と彼は秘書に言った。そして彼は行動を起こし始めた。

一見見境のない、無謀な買いによって、彼は仕返しとして、株価を押し上げ始めた。六三ドル、六四ドル、六五ドル、六六ドルと、四分で四ドル上昇した。証券取引所のフロアに非常に激しい興奮が巻き起こった。もちろんその市場はテレビンだけだった。だれもがそれを買い、だれもがその価格がどれほど上がるのだろうかと考えていたが、そのなかにはグリーンバウム氏とそのほかの七人も含まれていた。この株式は、一〇〇ドルへと向かう勝利の行進を再開したかのように見えた。

それからシャープ氏は、ブローカーが空売りに対して貸していた株式をすべて回収し、彼自身がその株式を借り始めた。これは大きな空売り総額の要求と一緒になって、テレビン株のオーバーナイトで六四分の一、三二分の一、八分の一、そして最後には四分の一のプレミアムで貸していた供給を大きく上回る需要を生み出した。これは、空売りをしていた人々は買い戻すか、彼らが借りている株式一〇〇株につき一日に二五ドルを支払わなければならないことを意味した。シンジケートが借りていた三万一四〇〇株に対しては、一日におよそ八〇〇〇ドルの費用がかかることになる。そのうえ、その株価は上がっていた。空売り側は、一分に何千ドルもの割合で損をしていた。終わりがどこになるかは分からなかったが、実際の空売りにとっても偽りの空売りにとっても大荒れになることは確かだった。

シャープ氏はグリーンバウム・ラザルス社、I&Sウェクスラー、モリス・シュタインフェルダーズ・サンズ、ライス&スターン、コーン・フィッシェル社、シルバーマン&リンドハイム、ローゼンタール・シャフラン社、ゼーマン・ブラザーズに有無を言わせぬ伝達をした。それは全員に対して同じ内容だった。

「君たちのテレビン株をすぐに私に送れ！」

この伝言を受けた人々の間に驚きと動揺、また称賛と自己満足が広がった。彼らは数日前に売った株を市場で買い戻さなければならなかった。それは裏切りの取引で一〇〇万ドルの四分の一がすっかり損失となることを意味したが、シャープ氏が義務を果たすのであれば、この共同投資はとても素晴らしい金額を「勝ち取る」はずだった。

大量の株が六六ドルで売りに出ていたが、シャープ氏のブローカーは歓声を上げながら、激しい勢いでその数を減らした。実際の空売りは恐怖に包まれ、そのうえに合計で三万一四〇〇株の買い戻し注文――グリーンバウム、ウェクスラー、リンドハイム、シュタインフェルダー、ライス、フィッシェル、シャフラン、ゼーマンの注文――があった。株価は彼らの買い戻しですさまじい上がり方をした。六六ドルで四〇〇〇株、六六と八分の三ドルで二二〇〇株、六七と八分の五ドルで七〇〇株、六八ドルで一二〇〇株、六九と二分の一ドルで三二〇〇株、七〇ドルで二〇〇〇株、七〇と二分の一ドルで五七〇〇株、七二ドルで一二〇〇株が買い戻された。これらを合計すると「ダマシンジケート」が買い戻したのは三万一四〇〇株となる。この合計三万一四〇〇株は、サミュエル・ウィンブルトン・シャープ氏がテレビンの投機プールの仲間に売ったものでもある。彼はその日全部で四万一七〇〇株の買い手を見つけたが、同じ日のそれより前に「空売り側の踏みを殺到させる」

ために二万一一〇〇株を買っており、さらにブル相場を操作する過程で取得した一万七八〇〇株を保有していた。そして、それらは裏切り行為を見つけたときにも売却されていなかったため、その日の引けに彼は株価操作のために株を買う必要がなかっただけでなく、個人口座で二八〇〇株を「空売り」していた。

新聞は「テレビンの素晴らしい一日」を生き生きと報じた。有力な集団がとても多くの株式を保有（独占）していたため、どんな価格にでもつり上げることができたのだと、新聞は書いた。新聞はそれを「記憶に残るスクイーズ」と呼んだ。シャープ氏が市場の間違った側にいたこともほのめかされ、ある新聞は太字で強調した否定的な書き方でたくさんの詳細とデータを記し、ずる賢いベア側の指導者が七万五〇〇〇株の空売りをしていて、一五〇万ドルの損失を出して買い戻しをしたと書き立てた。シャープ氏と親密な関係にあったある新聞記者は、うかつにも彼にこう尋ねた――「いったい何がテレビン株の上昇を引き起こしたのですか」。シャープ氏はゆっくりとこう話した――「確かなことは分からないが、インサイダーたちによる買いだと思う」。

その翌日、テレビンの大きな取引の第二幕が始まった。シャープ氏は投機プールの一一万四四〇〇株を受け取り、それを四万株、五万株、二万四四〇〇株の三つに分けた。市場はいまだにかなり好調だったが、鋭いルームトレーダーたちは「タープ」のいつもの「支え」に気づかず、利益を実現させるために売り始めた。仲買店による十分な量の買いがあり、遅れて空売りの買い戻しが起こって、それをほどほどに落ち着かせた。それからルームトレーダーたちは買い注文が入っている以上の株数を売ったり、株に対する合理的な需要に保証されていたよりも安い価格で売ったりすることによって、それを押し下げるためにいっそう尽力した。臆病な買い手たちを怖がらせて売らせ、それに続いてさらにほかの買い手たちも売り、この動きが大きな下落を引き起こすほど広まって、人々が支払うつもりよりもさらに安い価格で何千株もの売りを提示する手口が好まれていた。

ゆっくりと株価が下落し始めた。先導者がいれば十分だった。すぐにシャープ氏が投機プールの最初の四万株を手に取り、すべて市場に投げつけた。その影響はひどいものだった――恐ろしいほどの売買量があった。七二と四分の三ドルの史上最高値を付けたものの前日には七一と八分の七ドルで「引けた」株は、二〇ドル下落して五四ドルで引けた。新聞は、独占が「壊れ」、「スクイーズ」が終わったと報じた。その夜は何百人もの人々が気持ちよく眠れなかった。数十人はまったく眠れなかった。

その翌日、彼はさらに五万株を一気に市場で売った。株価は四一と四分の一ドルにまで落ち込んだ。これほどの暴落はほとんど前例がなかった。ウォール街は、市場の大きな動きによって年表に記されるような、歴史的な出来事になるであろう暴落の直前にあるのではないかと自問した。

グリーンバウム氏はシャープ氏のオフィスに駆け込んだ。恐ろしい暴落によって、彼には何でもできるほどの勇気が湧いていた。ウォール街の虫は、市場が不作法に振る舞うときには向きを変えるものだ。

「何事ですか。テレビンに何をしているのですか」と彼は怒って尋ねた。

シャープ氏は彼の顔をまじまじと見たが、彼が答えたときの声は穏やかで感情がなかった。「だれかが私たちに売りつけてきたのだ。それがだれかは分からない。分かったらよかったのにと思うよ。私はさらに一〇万株を買わなければならないかもしれないと心配だったから、できるだけ売っただけだ。投機プールの株式のほとんどを市場で売却した。もし私が六〇～六二ドルでその株式を取引していなかったら、テレビンは今日八五～九〇ドルで売られていただろう。来週また来てくれ、グリーンバウム。そして冷静になれ。私がこれまでに失敗するのを見たことがあるか？　さようなら、グリーンバウム。それから、私に話しかけるときは大声を出さないでくれ」

「これは度を超している。私に説明すべきだ、さもなければ神に誓って……」とグリーンバウム氏は激しい口調で言った。

「グリーンバウム」とシャープ氏は力の抜けた声で言った。「興奮するな。さようなら、グリーンバウム。高潔になれば、幸せになれるだろう」。そして、彼はおりに入れられたトラのように再びオフィスのなかを歩き回り始めた。大柄なシャープ氏の個人秘書がどこからともなく現れて「こちらへ、グリーンバウムさん」と言い、ぼうぜんとした信託の設立者をオフィスから外へ案内した。戻ってきた彼に、シャープが言った――「あの仲間たちを約束違反のことで責める必要はない。彼らはそれを認めないだろう」。

その翌日、シャープ氏は水差しからカップへと水を注ぐかのように、投機プールの株式のうち残り二万五〇〇〇株をたやすく市場へと放出した。下げ相場は思うがままに動いた。おしゃべりなティッカーテープは、とてもはっきりとこう伝えた――「これはインサイダーたちによる株価操作にすぎず、これほど安い価格で売買が行われているのはその性質上とても差し迫ったものであるため、なおさら危険で不穏だ。これがどのような結果になるのかは天にしか分からない。そして、天への通信手段はないのだ」。

裁判所がこの会社を、独占禁止法を過度に侵害したとして解散させ、管財人が任命されたというわさをだれかが流したため、だれもがその株を売っていた。投機プールの株式をすべて売り切ったシャープ氏は、一株二二ドルで「取得した」二八〇〇株を七二ドルで放出し、彼の小さな「ビジネス」の利益は合計で一四万ドルとなった。

テレビン株は一五取引時間で五〇ドル下落した。これは会社の資本金が一五〇〇万ドル減少したことを意味した。投機プールに加わった数人の自尊心の低下は、何十億という単位でしか測ることができなかった。

シャープ氏は仲間たちに、投機プールの資金は完全に現金化された、つまり売却されたこと、そして彼らのために小切手と会計の用意ができる月曜日の午前一一時（この日は木曜日だった）に自分のオフィスで会いたいと連絡した。シャープ氏はテレビンの失敗から自らの評価を救うためにはどうすればよいかを知ろうと電話してきたグリーンバウム氏やウェクスラー氏、ゼーマン氏、シャフラン氏たちと話すのを拒んだ。屈強な個人秘書は、彼らにシャープ氏は町の外にいると言った。彼はとても礼儀正しい男であり、秘書であり、そしてとても熟練したアマチュアボクサーだった。

シャープ氏を見つけられなかった彼らは、自己防衛的な性質の新しい投機プールをまとめ、「証明となる」注文書を提出した。彼らは、別の方向で損害を与えるようなさらにひどい打撃を防ぐために、その日と翌日に大量の株式を買わなければならなかった。彼らの手元には五万株以上あり、その価格はたったの二六～二八ドルだった。このときは、ただ株を売るだけでも、記憶に新しいテレビンの恐怖が始まるかのような怖さがあった。

彼らは月曜日にシャープ氏に会った。彼の話は、いつものように短くはなかった。彼は前もってそれぞれに小切手と明細書の入った封筒を送っており、すぐに事務的な口調でこう言った。

「皆さん、そしてグリーンバウム、あなた方は私がテレビンにしたことをはっきりと覚えているでしょう。私は持っていられなかった一部の株式を六二ドルほどで取引し始めました。あなた方は私を通す場合を除いて売らないと高潔な言葉で誓ってくれたので、もちろんだれも売りに出してはいないと知っていました。しかし、空売りであるかのように、売り手が株式を担保にして借りているにもかかわらず株は売られ続け、尽きることのない売りに直面したことを心配するようになりました。そのような状況ではいつもすぐに行動するのが一番なので、私は実際の空売りをしたあとにわれわれの株を売却しました。平均の売値は四〇ドルでした。この謎めいた売りがなければ、その価格は八〇ドルだったでしょう。手数料とその他の正当な投機プールの費用を差し引くと、われわれは一株九ドル、つまり一〇二万九六〇〇ドル稼いでおり、契約に基づくとそのうち二五％の二五万が私に入ります。株が九〇ドルになるまで持ち続けるほどの分別がない人がいたのは残念なことです。しかしウォール街は不確かなことにあふれています。この街には実にいろんな愚かさが存在しています。これで満足していただけたかと思います。状況を考えれば、私は満足しています。ええ、本当です。ごきげんよう、皆さん。グリーンバウムも、ごきげんよう」

シャープ氏に残忍さは見られなかった。彼は優しく、上品だった。彼らには、彼が心地良い指摘をして、満足しているように見えた。彼は彼らに向かってうなずき、オフィスの奥に入っていった。

彼らは互いに怒鳴り、腹を立てたことで勇気を得たため、シャープ氏の部屋のドアを開けようとしたが、鍵がかかっていた。彼らが強くノックをすると、どこからともなく姿を現す個人秘書が出てきて、シャープ氏は大事な約束があって邪魔することはできないが、彼には明細書のどんな項目についても説明し、ブローカーの取引明細などのあらゆる証明書を管理保管していると彼らに言った。そこで彼らは個人秘書とシャープ氏への意見をやや控えめに述べ、がっかりして外に出た。彼らは外で情報を交換し、誠実さを抑えきれずに事実を打ち明けた。それから、不合理なことではあるが、シャープ氏に悪態をついた。新しい投機プールの見直しは暗かった。彼らは望んでいたよりも非常に多くの株を手元に持ち、実際には大敗していた。

そして時間がたつにつれてより多くの「タープ」を、そしてさらに多くの「タープ」を買わなければならなくなった。彼らはシャープ氏のまねをして、とにかく五〇ドルまでなら、圧倒的な勢いで株価を押し上げることができるだろうと考えていた。彼らはその株式に対して二％の配当を公表した。しかしテレビンの人気を再燃させることはもうできなかった。彼らは何度も挑戦したが、何度も失敗した。そしてそのたびにさらに多くの株を引き受けなければならなかったため、失敗はよりひどいものとなった。

今や「タープ」は一六～一八ドルで取引されている。しかし、その価格ですぐに売れるわけではないし、実際にはどんな価格でもすぐには売れない。競合する蒸留所がテレビン油の多くの地域で開業しており、この商売の見通しは暗い。そしてアメリカン・テレビン・カンパニーの売れない三〇〇万株という発行株数全体のうち少なくとも一四万株を保有している主要株主は、有名な「グリーンバウム・ダマシンジケート」である。

予想屋

THE TIPSTER

一

机の上の電話が鳴ったとき、ギルマーティンは有望なバイヤーのおかしな話に愛想笑いを浮かべていた。「少し失礼しますよ」と、彼はお客（コネティカット州の工場主）であるホプキンスに言った。

「こんにちは。どちら様ですか。ああ、お元気ですか……ええ……外に出ていました……そうですか……それは残念です……まことに残念です……はい、外に出ていたのが残念です。それを知っていたらよかったなあ！　……そう思いますか？　……ええ、それならオクシデンタルを二〇〇株を売って……あなたが決めるのが一番です……トローリーはどうですか……持ち続ける？　……分かりました、あなたの言うとおりに……そう願っています……負けるのは嫌いですし……ハハハ！　……そう思います……さようなら」

「ブローカーからです」と、ギルマーティンは受話器を置いて説明した。「もし私が一〇時半にここに入れば、五〇〇ドルの利益になっていたのですが。売るように助言の電話をしてくれたのですが、株価が三ドル以上下がっています。今朝なら利益を出して終われたのに。しかし、いいえ、私にはできませんでした。ショウノウを買うために出かけなければならなかったのです」

ホプキンスは感心した。ギルマーティンはそれに気づき、無関心よりはよいと考えて、大げさに怒ったふりをして続けた。「お金のことよりも、金運のなさを気にしているのです。もし職場であと五分待っていれば、ブローカーから連絡をもらって五〇〇ドル得をすることができたのに、結局、ショウノウは買わずに株で損をしたのですから。私の時給は高いと思いませんか」と、首を振りながら話した。

「でも、あなたの仕事は順調なのではないですか」と、客は興味津々に尋ねた。

「ええ、まあ。収入一万二〇〇〇ドルほどです」

それはギルマーティンがもらっている以上の金額だったが、彼は誇張して言ったあとすぐに、このコネティカットの男となら親しくなれそうだと感じた。

「ヒュー！」と、ホプキンスは感心して口笛を吹いた。ギルマーティンは彼に対して優しさを感じた。ウソは、客が信じたことでとげのないものになった。このことを感じたギルマーティンの唇には安心の笑みが浮かんだ。彼は感じの良い表情をした、感じの良い声の三三歳の男だった。彼は健やかさや満足感やこぎれいさや安らかさを醸しだしていた。

目には誠実さと優しさが宿っていた。人々は彼と握手するのが好きだった。それによって彼の友人たちは彼の幸運について話し、彼をうらやましがった。

「昨日、妻のためにこれを買いました。トローリーのちょっとした取引で手に入れたんです」と、彼は机の引き出しから小さな宝石箱を取り出しながらホプキンスに話をした。そのなかには、いくぶん派手だが明らかにとても高価なダイヤモンドの指輪が入っていた。ホプキンスが半ばうらやましそうに感心しているのを見て、ギルマーティンは笑顔で付け加えた——「昼食はいかがですか。私は今朝の不運を忘れるために〝フィズ〟を一杯飲んでもいいと思っているのですが」。それから大げさに申し訳なさそうな口調で「空腹で五〇〇ドルの損をしたいと思う人などいませんよ！」と言った。

「もちろん彼女は喜ぶでしょう」とホプキンスはギルマーティン夫人のことを思って言った。ホプキンス夫人も宝石が大好きだった。

「彼女は世界一の最高の女房です。私のものはすべて彼女のもので、彼女のものはすべて彼女自身のものです。ハハハ！　しかし、私が株式市場から稼いだ分はすべて彼女の名前で彼女のために取っておくつもりです。彼女なら私よりもうまく管理できます。それに、私に良くしてくれている彼女には、いずれにせよ、それを受け取る権利があります」と彼は真面目な口調で言った。

こうして、彼は自分が良き夫であることを伝えた。彼はそのことに気を良くして、心から残念そうに話を続けた——「彼女は今、ペンシルベニアの友人宅に行っています。私と食事をしてくれませんか」。そして、彼らは一緒に高級なレストランに向かった。

以前からずっと、ギルマーティンはメイデン・レーンはウォール街からは遠すぎるといつも思っていた。そこに彼にとって不幸な一週間が訪れた。彼がウォール街にいたならば、機敏に株価の変動に対応して素晴らしい売買が四回もできたはずだった。しかし、遠かったせいでそれら四回の機会を逃してしまったのだ。彼はそのとき会社で仕事をしており、相場に注意を払えるようになったときにはもう手遅れだった。貴重な機会は失われてしまった。時間も、取引機会の絶好のチャンスも、ティッカーテープからの情報も、けっして待ってくれないのである。

彼は薬品の仲介業者や輸入業者であるマクスウェル&キップのためにキニーネやバルサムやエッセンシャルオイルを売買するのではなく、株式や債券を売買する仕事をすることにした。勤務時間は厳しくなく、利益は大きいと思ったからだ。彼は生活するのに十分な資金を稼げると思っていた。彼はウォール街から得られる儲けをふいにするなんて、考えられなかった。いつやめるべきかを知ることが、この仕事の一番重要なことだった。彼はイギリス国債に賢く投資し、ほどほどの金額で満足するつもりだった。そして、ウォール街に永遠の別れを告げようと考えていた。

長年にわたる商習慣の圧力と新しい仕事への漠然とした恐怖感は、しばらくの間は彼が信頼を寄せるティッカーテープを四六時中見ることで薄らいでいた。しかしある日、議会が下した画期的な決議を知らされた彼のブローカーは、彼とすぐに話をして、持ち高をすべて売却するように勧めようとした。彼らはその知らせをワシントンの顧客から前もって聞いていた。ほかのブローカーは首都に重要な人脈があったため、彼のブローカーには一刻の猶予もなかった。ブローカーは、彼の許可なしに彼の資産を売り払うようなことはできなかった。彼らが彼と電話で話すことができるまでに五分――永遠とも思える時間を五回繰り返したかのようだった――が経過し、彼が売り注文を出したときには相場は五～六ドル下落していた。そのニュースはもう「古く」なっていた。通信社からブローカーのオフィスに情報が届いたが、ウォール街の半分はそれをもう知っていた。ギルマーティンは、最初の一〇人の売り手にはなれず、二番手の一〇〇人の売り手のなかの一人となった。

二

職員たちが彼のために送別会を開いてくれた。みんながそこに集まり、二ドルの会費を出すのも大変な雑用係の少年たちの代表さえも参加していた。経営者としてギルマーティンの跡を継ぐであろうジェンキンスが司会を務めた。彼は気の利いたスピーチをし、うまく考えられた賛辞で締めくくった。さらに彼はギルマーティンの転職で昇進を手にしたので、ギルマーティンに別れを告げることを少し心苦しく思っているようだった。これは、あらゆるもののなかで最高の称賛だった。そしてほかの職員たち全員（熱意が証明されて久しい年長のウィリアムソン、それによっていつも刺激を受けてきた中年のハーディ、ギルマーティンよりもうまく事業を経営できると考えている中年のジェムソン、職場の中でも外でも仕事のことを考えたことがないボールドウィン）が、彼がどれほど素晴らしかったかということや、それに関連したことを言って彼を赤面させ、ほかの人々を喜ばせるような裏づけとなる逸話、そして彼ともう一緒にいられないのは残念だが、彼が一人でずっと素晴らしいことをしようとしているのはうれしいという話、さらに彼が偉大な百万長者になっても彼らに会ったときに「知らないふり」をしないでほしいと話した。ギルマーティンは心が穏やかになるのを感じ、幸せを感じる以上の感情が湧き起こった。名字を出納係しか知らない雑用係の少年のなかで最年長のダニーが立ち上がり、今は亡き親友のことを話すような口調で言った――「あなたはこの職場で一番素晴らしい人でした。あなたはいつも頼りがいがありました」。みんなが笑った。すぐにダニーはほかの人々を反抗的ににらみ付けて続けた――「もしあなたが望むならば、だれかのために一週間一〇ドルもらって働くよりも、あなたのために無給で働きます」。そしてこれを聞いたみんながさらに声を上げて笑うと、彼は断固として言った――「ええ、そうしますとも!」。彼らが信じてくれなかったために彼の目は涙であふれたが、彼はギルマーティンも信じてくれていないのではないかと心配だった。しかし、司会者が厳かに立ち上がって言った――「ダニーの言った何がおかしいのですか」。すると全員が「彼は正しい」と声をそろえて叫んだので、ダニーは幸せそうに顔を赤らめながらほほ笑んで座った。すると、ギルマーティンよりもうまく事業を経営できると考えていた気難しいジェムソンが立ち上がり――彼は最後の話し手だった――口を開いた。「私がギルマーティンと仕事をした一〇年間では意見の不一致があり、……それで……私は……その……ええ……ああ、知るか!」と言ってテーブルの上座へと速足で歩き、人々が黙って見ているなかでギルマーティンと一分もの間がっちりと握手をした。

ギルマーティンはウォール街に行くことを熱望していた。しかし、この別れによって彼は寂しくなった。この顔ぶれと仕事をしていた昔のギルマーティンはもういないため、新しいギルマーティンは心残りに思った。彼らがどれほどギルマーティンを大事に思っていたか、そして実際にギルマーティンがどれほど彼らを大事に思っているかを、ギルマーティンがゆっくり考えてみることはなかった。彼はとても簡潔に、通い慣れた職場で過ごしたのと同じくらい楽しい年月をまたどこかで過ごせるとは思っていないということ、そして彼が不機嫌だったとき——そう、彼らは首を横に振る必要はなかった——、彼は自分がよく短気になっていたのを知っていたことについて、善かれと思ってそうしていたのであり、彼らなら許してくれるだろうと信じていたということを話した。もしもう一度人生をやり直すことができるならば、ギルマーティンはこの夜に彼らが自分について言ってくれたような人物になろうと思った。そして彼は彼らと別れるのをとてもとても申し訳なく思っていた。「本当にすまない、君たち。本当にすまない。本当にすまない！」と、悲しげな笑みを浮かべて力なく話し終えた。彼はみんなと握手をし——まるで二度と戻れないかもしれない旅に出るかのような強い握手だった――、彼の胸のうちにはウォール街に向かうという英断への不安が浮かんでいた。しかし、もう引き返すことはできなかった。
彼らはギルマーティンを家まで送り届けた。彼らは最後の一分までギルマーティンと一緒にいたいと願った。

三

医薬品業界の人々はみんな、ギルマーティンが大金を得る途上にあると考えているようだった。路面電車や劇場のロビーで彼に会った古い仕事仲間やかつての競合他社の社員たちは、彼らがウォール街の業界用語だと思っている言葉で、未来の大富豪であるかのように彼に話しかけ、自分もその素晴らしいビジネスを少しは知っているのだということを示そうとした。しかし、彼らが彼の賢さを称賛し、彼の運をうらやましがったことで彼が喜びで震えたのと同時に、彼らのその涙ぐましい努力は、彼を優越感に浸らせることとなった。ウォール街での新しい友人の間にも、彼は大きな楽しみを見いだした。それ以外の顧客――彼らのなかにはとても裕福な者もいた――は、彼の相場に関する見通しを、のちに彼が彼らの話を聞くことが社交辞令的な義務だと感じたのと同じくらい熱心に聞いた。ブローカーは、彼を「よき仲間」として扱った。彼らはよく彼をおだてて売買させ（彼が一〇〇株を売買することは彼らに一二・五〇ドルの手数料が入ることを意味した）、彼が勝つと彼らは素晴らしい判断力を褒めた。彼が負けたときは、彼の無謀さを叱ることで彼をなだめた――ちょうど母親が三歳の子供をなだめすかすために不運を笑いに変えて、子供が転んだのを冗談として扱うように。それは通常の顧客に対する通常の対応だった。

彼らは一〇時から三時まで相場表示板の前に立ち、顧客のだれかがティッカーからテープが出てくると価格の変化を読み上げ、それを機転の利く少年がチョークで書くのを見ていた。株価が上がれば上がるほど、その上昇から大きな利益を得た友人の話を聞いて、ウォール街に集まる顧客は増えた。ブル相場でだれもが株式を買っていたため、だれもが勝っていた。顔立ちや肌の色や年齢が大きく異なるこれらの人々だが、驚くほど互いに似ていた。彼らの人生は喜びにあふれていた。ティッカーテープは陽気に音を立て続けていた。その音は金色の笑い話を伝えた。そしてギルマーティンやそのほかの顧客たちは、その笑い話のオチを聞くことなく、たわいのない話でも心から笑った。ときどき、あたかもティッカーテープが彼らに伝えている大金を実際に感じているかのように、彼らの指が幸せそうに宙をつかんだ。彼らはみんなこの素晴らしいビジネスへの改宗者、つまり自分がどれほど賢く恐ろしいオオカミであるかを世界に知らせようとしていたが、実際は軽率に鳴き声を上げる子羊たちだった。彼らのなかにはときどき損を出している者もいた。しかしそれは、儲けに比べれば取るに足りないものだった。

相場の下落が起こったとき、彼らはみんな強気へと傾いていた。それはひどい下落だった。あまりにも思いがけなかったため――子羊たちにとって思いがけなかったということだが――、彼らはみんなそれが雲一つない空から雷鳴が聞こえたようだととても苦々しく言った。それが続いた間、つまり羊の群れの毛刈りがなされていた間は、とても落ち着かない状況だった。一週間前には喜びに満ちた顔で、楽しそうに勝利を味わっていたのと同じ相場師たちが、後に彼らが恐慌の日と呼んだ日には青ざめた顔で、恐怖でこわばった、損を出した相場師となっていた。それは実際には単なるよくある下落だった、いつもよりいくぶん大きいものではあったが。あまりにも多くの子羊たちが過度な投機をしていた。証券（securities）の――そして不安感（insecurities）の――卸売りディーラーたちはそれまでに自分自身の株式を子羊たちに売ってしまってほとんど持っておらず、より安い価格で買いたいと考えていた。顧客たちはかつての幸せな日々と同じように、相場表示板を見つめていた。彼らの夢は遠慮なく打ち砕かれた。ある人は足の速い競争馬を買おうと夢見ていたが、ほかの多くの人と同じように蒸気船に乗る羽目になった。彼らが建てていた綺麗な家は、まばたきをする間に打ち壊された。そして夢と住居を壊したのは、今や金色の笑い話ではなく、金銭的な死を伝えるティッカーテープの音だった。

彼らは目の前の表示板から目を離すことができなかった。彼らは、小さな機械が打ち出す悲しげな数字によって伝えられた自身の破滅に、心を奪われた。確かに、哀れなギルマーティンはこう言った――「私はニューポートに対する考えを改めた。この夏は私自身のホテル・ド・ルーフで過ごそうと思う」。そして彼は笑ったが、笑ったのは彼だけだった。だれの冗談でも楽しそうに笑う洋品店のウィルソンは、催眠術にかかったかのように、ティッカーテープの横の高いスツールに座ってクオーテーションボーイに向かって価格を叫んでいる男性の唇を見ていた。ときどき、ウィルソン自身の唇は自らに話しかけるかのように奇妙な険しくゆがんでいた。細身で顔色の悪いブラウンは、ホールの外で行ったり来たりしていた。名声とともにあらゆるものが失われた。そして、彼はティッカーテープを見るのが怖く、価格が叫ばれるのを聞くのも怖かったが、それでも望んでいた、奇跡が起こるのを！　ギルマーティンは職場から出てブラウンに会い、弱々しい虚勢を張ってこう言った――「できるかぎりの我慢をした。しかし金は全部持っていかれた。まったく、スポーツに賭けるのは高くつく！」。しかし、ブラウンは彼に耳を貸さず、ギルマーティンはエレベーターのボタンを待ちきれなさそうに連打し、なかなか到着しないことに悪態をついた。彼はその日のティッカーテープの鳴る音でブル相場の間に積み重ねた「紙の上の」利益を失っただけでなく、何年もかけて貯めた資金すべてが消えてしまっていた。それはだれにとっても同じだった。初めに小さな損切りですませず、「プラマイゼロ」まで上昇するよう願って我慢していた。そして、株価は下がり続けて、損失は大きくなり、必要とあれば一年間塩漬けにするのがいかにも正しいことであるように思われた。遅かれ早かれ株価が上昇に転じるに違いないからだ。しかし、この暴落は彼らを「ふるい落とし」、多くの人々が望むかどうかにかかわらず、売らざるを得なかったため、株価はさらに下がり続けた。

四

相場の下落後、ほとんどの顧客は悲しみのなかでまっとうな仕事へと戻った――しかしそれは彼らのなかでも残念なことにそれほど賢くない人々だった。ギルマーティンは最初のぼうぜんとした衝撃後、医薬品事業に戻る機会を探ろうとした。しかし、彼の心は調査には向いていなかった。メイデン・レーンを去ってすぐにウォール街で負けたのを白状することには恥ずかしさがあった。しかしそれよりもずっと強かったのは、賭けが持つ毒の効果である。もしマクスウェル&キップで立っていたところよりも低いところから始めなければならないのがひどいことだというならば、彼が健康でいられるかわりに、数千ドルの報酬しか貯められないような医薬品事業で長く働く日々を強いられることのほうがもっとひどかった。しかし、株式市場において幸運な数週間があれば、彼は失ったもののすべて、そしてそれ以上に取り戻せるはずなのだ。

彼が投機を学びたいのなら、小さく始めるべきだった。彼には今、それがとてもよく分かった。彼の過ちは経験がないせいだった。彼は市場を知っていると思い込んでいた。しかし、本当にそれを知ったのは今であり、そのため彼は相場の下落から多くのことを学び、ようやくスタートラインに立てたと思った。損失について考え込んでいた彼の心は、医薬品の売買を再開するのを取るに足りないこととして片づけ、株式市場の知見を手に入れることにしつこくこだわった。適切に利用すれば、その知見は彼にとって大きな意味を持つはずだった。数週間で彼はまた相場表示板の前で生き残った顧客たちとうわさ話をして、助言をしたりされたりしながら、日々を過ごすようになった。そして時間がたつにつれて、彼の心はウォール街に支配され、ほかのあらゆることがあきらめられるほど強くなった。彼は株以外のことを話したり、考えたり、夢を見ることがもうできなくなった。そこに書かれているニュースを市場がどのように「解釈する」かを考えずには、新聞を読むことができなくなった。大きな製糖所が火災に遭い、四〇〇〇万ドルの「信託」に損失が出ると、彼はこの大惨事を予見して砂糖銘柄を空売りしていなかったことにため息をついた。サブアーバン・トローリー・カンパニーの従業員によるストライキが命と資産を脅かす暴力と破壊につながると、彼はトローリー一〇〇〇株を「追い出す」ような予見をしていなかったため、無慈悲な運命を呪った。そして、もし暴落直前の高値で空売りして、直近の安値で買い戻していたら、いくら儲かっていたかを、可能なかぎり細かい小数部分まで何度も何度も計算していた。もしも知ってさえいれば！　ウォール街の空気と彼をあらゆる方向から囲む投機の匂いは彼を霧のように包み、そこからは外側の世界の物事がベールを通しているかのように見えた。彼は、出会った人々が「おはようございます」ではなく、「相場はどう」と言い、「気分はどうですか」と聞かれると体調を答える代わりに「強気だ」、もしくは「弱気だ」と答えるような地区で働いていた。

破滅的な下落を経て、初めにギルマーティンはブローカーに信用取引をさせてくれるように要求した。ブローカーはそれに同意した。親切な人々で、心から彼を助けたいと思ったのだ。迷信を信じない投機家の頑固さで、彼は運命と戦うと言い張った。彼はベア相場なのに強気だった。そして損をすればするほど、株価の「反発」が起こるはずだと考えるようになった。彼はそれを期待して株式を買って何度も損失を出し、ついにとうてい払え切れないほどの借金をブローカーに負ってしまった。ブローカーは、彼が必ず勝つから最後にもう一度だけ一〇〇株買わせてほしいと強く懇願するのを無視して、彼にこれ以上、一セントでも信用で貸すことを拒否した。そしてもちろん、長い間予想されていたことが起こり、相場はウォール街がまばたきをする速さで上昇した。ギルマーティンは、もしブローカーが最後の注文を断っていなければ負債を清算し、さらに二九五〇ドルを得ることができたと皮算用した。相場が上昇する途中で「増し玉」をしていただろうからだ。彼がブローカーにその数字を非難するように見せると口論になり、彼はその会社に詐欺を意図した謀略があったとして訴えたいと思うほどの気持ちでオフィスを出た。しかし「これもまたひどい運の成り行き」であり、勝負師らしく、それでいいということにしようと思うことにした。

彼がブローカーのオフィスから戻った翌日、彼ができる唯一の方法、それは他人に助言することで投機を始めることだった。例えばセントポール五〇〇株をギルマーティンに言われて一二五ドルで買ったスミスは、ギルマーティンほど値動きに関心はなかった。一方、ギルマーティンは、それ以来まるで自分自身の保有している株であるかのようにその銘柄に関する情報やうわさをわくわくしながら聞き、その株価が下がると激しく苦しみ、相場が上昇すると軽率にも笑って甲高い声を出しながら熱心に新聞を読んだり、ウォール街のあちこちでセントポールの情報を探りだしたりしていた。無関心さはいくぶん彼のティッカーテープへの熱に対する鎮静剤のようなものだった。実際、場合によっては彼の関心が客の心に迫るほど強く、頻繁に助言をしたため（彼はわれわれの取引という言い方をしていた）、幸運な勝者は利益の一部を彼に与え、ギルマーティンはそれを遠慮なく受け取り――彼はもう自尊心が傷つくような域を越えていた――、すぐに連合取引所や「パーシーズ」で行っていた彼自身の小さな取引での賭けに使った。パーシーズは薄汚れた闇取引業者で、一％の証拠金で二株の注文を引き受けていた。つまり、たった二ドルで賭けることができたのである。

その後、顧客が活発に取引をしなくなると、ギルマーティンはよく数ドルを借りるようになった。しかし彼は断られることが多くなったので、借りる金額は少なくなった。ついに彼はかつて称賛され、手厚くもてなされる顧客だった取引所に来ないように言われた。

彼はウォール街では「過去の人」となり、連合取引所の裏にあって「プット」と「コール」のブローカーが集まっているニューストリートに毎日現れるようになった。近くの酒場にあるティッカーテープは彼の投機家としての欲求を満たした。ときどき幸運な人々が彼を同じようなティッカーのある酒場に連れて行き、彼は無料のランチカウンターで食事をし、ビールを飲み、株の話をし、笑ったり顔をしかめたりしながら、唇を震わせて幸運な勝者の物語を聞いた。ときどき彼のなかの勝負師魂が自然と現れ、一週間前に彼が買おうとしたが買えなかった株が一八ドル上がったという話を、怒った様子でその幸運な勝者たちに語ろうとした。しかし彼らは自らのティッカーテープへの熱で頭がいっぱいで、心の目をこれからの相場に向けながら上の空でうなずくか、二分間も離れているとテープを見たいという気持ちを抑えきれず、うなずきもせず、慰めや別れの言葉もかけずに彼を置いて去ってしまった。

五

ある日のニューストリートで、彼は有名なブローカーが別のブローカーに対して、シャープが「ペンシルベニア・セントラルをすぐに押し上げようとしている」と話すのを耳にした。この会話を聞くという珍しいちょっとした幸運によって、彼は無気力から立ち上がり、ブルックリンで食料品店を営む義理の兄弟のところへと急いだ。彼はグリッグスにブローカーのところへ行き、できるかぎりペンシルベニア・セントラルを買うように頼んだ。つまり、それは残りの人生をぜいたくに生きたいならば、という話だった。サム・シャープはそれを押し上げようとしていた。それから、彼は一〇〇ドルを借りた。

グリッグスの心は引きつけられた。彼は何時間も心のなかであれこれと考え、ついに誘惑に屈した。貯金を引き出して六四ドルの価格でペンシルベニア・セントラルを一〇〇株買い、仕事をほったらかして新聞の経済欄を熱心に読むようになった。少しずつ彼のなかでギルマーティンのささやきが、空想にドル記号を印字するティッカーテープの回転輪を動かし始めた。彼の妻は夫の心が奪われているのを見て、仕事がうまくいっていないのだろうと思った。しかし、グリッグスはそれを否定し、彼女の最悪の心配を裏づけた。ついに彼は自分の小さな店に電話を置き、ブローカーと話ができるようにしたのだ。

ギルマーティンは、借りた一〇ドルを使って、すぐに闇取引業者で一〇株を六三と八分の七ドルで買った。株価はすぐに六二と八分の七ドルに下落した。彼はすかさず「手仕舞った」。すると、株価は即座に六四と二分の一ドルまで上昇した。

次の日、ギルマーティンの昔の客が彼を飲みに誘った。ギルマーティンは、その男がはっきりと分かるほど成功しているのを不快に思った。彼に一〇〇株を買う力があることに腹立たしさを感じた。しかし酒のおかげで落ち着き、急に後悔を感じた彼は、だれかが聞いているかもしれないと恐れているかのような、そして不安そうな顔つきで、スミザースにこう言った。「君のためにこっそりとあることを教えよう」

「話してくれ！」

「ペンシルベニア・セントラルがそのうち上がるんだ」

「本当か？」と、スミザースは静かに言った。

「本当だ。確かに一〇〇ドルを超える」

「ほう！」と、プレッツェルを食べながらスミザースは声を出した。

「そうだ。サム・シャープが」――ギルマーティンは「私の友人の」と言いそうになったが思いとどまり、強い印象を与えるような口調で続けた――「集中的に買い増していて、ひと相場起こすつもりだからペンシルベニア・セントラルを買うべきだと昨日話してくれた。シャープがどんな人か知っているだろう」と、彼はスミザースがシャープの力をよく知っていると思っているかのように締めくくった。

「本当なのか?」とスミザースは興味を示した。

「もちろん。シャープがペンシルベニア・セントラルに対してしているように株価を押し上げようと決心すると、どんな者にもそれを止められない。彼は六〇日のうちに一〇〇ドルよりも高く上げてみせると話していた。これはうわさでもインサイダー情報でもない。揺るぎない事実だ。私はそれが上がると聞いたのではない。それが上がると考えているのでもない。それが上がると知っているんだ。分かるか?」。そして彼はハンマーで打つような動きで右手の人差し指を振った。

五分もしないうちにスミザースはとても興奮して、五〇〇株を買い、ギルマーティンが言うまで「利食いをしない」、つまり売らないことを心から約束した。それから彼らはもう一杯飲み、もう一度ティッカーテープを見た。

「私と連絡を取れるようにしておきたいだろう」というのがギルマーティンの捨てぜりふだった。「シャープが私に話すことを教えてあげよう。しかしだれにも言ってはいけないよ」と言って首を横に振り、スミザースに名誉ある秘密を約束させた。

ギルマーティンはシャープに実際には会ったことがなかったので、本当はシャープがどんな人間なのか何も知らなかったのだが。

スミザースと別れてすぐに、彼はもう一人の知り合いを引き留めて話をした。彼は、自分はウォール街のことを知っていると考えており、それゆえに相場操縦が行われているかどうかをあれこれ考えるのが好きな若い男性だった。ある会社がどれほど好調か、その見通しがどれほど明るいかなどということを伝えることだけでは、だれも彼に株式を買わせることができなかった。それらの情報は「カモ」にとっては心を引くものだが、その若くて賢い相場師にとってはそうではなかった。しかし、「彼ら」（長い間謎めいている「彼ら」であり、「重要人物」であり、その仕事が大衆をだますための長期にわたる陰謀を張り巡らす強力な「操り手」）がさまざまな株式を「つり上げ」ようとしていると、彼に言う人はだれでも、たとえ見知らぬ人であっても歓迎され、その助言はその若者に影響を及ぼした。若いフリーマンは、「彼ら」の邪悪さと「彼ら」の思いのままに株価を上げたり下げたりする力のほかには何も信じなかった。彼はその知恵について考えることで、冷笑を浮かべるのが習慣になっていた。

「君はまさに私が探していた人物だ」と、この若い男のことなどまったく考えたことのなかったギルマーティンが言った。

「あなたは保安官代理ですか？」

「いいや」と答えてから、演説のときのような効果を狙って少し間を置いた。「今日、サムと長話をしてきたんだ」。

「どのサムですか」

「シャープだ。私のところへやってきた、年配の男性だ。彼は本当に機嫌が良かった。大喜びしていた。それももっとともなことだ。彼はペンシルベニア・セントラルを六万株買っていた。そしてそれは一株五〇～六〇ドルの利益を生もうとしているのだから」

「ふん」と、フリーマンは疑わしそうに鼻であしらったが、ギルマーティンの態度が先週の金を借りるときの謙虚さから、信頼できる情報を手に入れた者だけが見せる自信のある口調に変わっていることに好印象を持った。シャープは昔からの友人に対して、裕福でも貧しくても、親切であることで有名だった。

「私がそこにいたのは、書類にサインをするときのことだった」と、ギルマーティンは熱心に言った。「私は部屋を出ようとしたが、サムはその必要はないと言った。それがどのような内容だったかは言えない。本当に言うことができない。しかし、彼はとにかくその株を一〇〇ドル以上に押し上げようとしていた。今の株価は六四と二分の一ドルで、七五ドルになるころにはどの新聞もインサイダーたちによる買いについて書き立てているだろう。八五ドルになれば、だれもがこの重大な出来事を理由に買いたいと思うだろう。そして九五ドルになれば、強気の情報や増配のうわさがたくさん現れ、それが三〇ドル安かったときには目もくれなかった人々が押し掛けて大量に買うだろう。これがシャープの株価操作のやり方だ。配当や収益で上がるんじゃないんだよ。以上が私の知っていることだ」と、最後に深淵な真実を述べているかのように首を大きく縦に振った。

「私も同じだ」とフリーマンは心から同意した。彼は弱いところを攻められた。

ウォール街では奇妙なことが起こる。時には予想が当たることもある。今回もそれが的中した。シャープはその株式を鮮やかなほどに買い上げ始め――この動きはウォール街で歴史的なものとなった――、ペンシルベニア・セントラルは目まいがするほど上昇し、どの新聞もそれを話題にして、大衆はそれに熱狂した。株価は八〇ドルから八五ドル、八八ドル、そしてそれ以上にまで達し、ギルマーティンは義理の兄弟にそれを売却させ、スミザースとフリーマンも同じようにするように言った。彼らの利益はグリッグスが三〇〇〇ドル、スミザースが一万五一〇〇ドル、フリーマンが二七五〇ドルだった。ギルマーティンは彼らに、かなりの歩合を要求した。義理の兄弟とは何の問題もなかった。ギルマーティィンは彼にそれがウォール街の不可侵の慣習であると言ったため、グリッグスはそのようなことを理解した気になって支払った。フリーマンはそれなりに感謝していた。しかし、スミザースはギルマーティンに会うと幸運にあふれた様子で一時間のうちに何人もの人に話したことを繰り返した――「この間、すごいことをしたよ。ペンシルベニア・セントラルの株価が上がりそうだと思って、たくさん買ったんだ。かなり儲かった」。彼は自分の洞察力に有頂天になっているようだった。彼にその情報を教えたのがギルマーティンであることをすっかり忘れていたようだった。しかし、それを忘れてはいないギルマーティンは威圧的に言い返した。

「ああ、君がおいしい賭けに投資して、儲けが出たあとでやってきて、それをやった自分がどれほど賢かったかを人に話すのは何度も聞いたことがある。しかし、それは私には通用しないよ。私は証拠を持っているんだから」

「証拠?」と、スミザースが安っぽく繰り返した。彼は思い出した。

「そう、証拠だよ」と、ギルマーティンが軽蔑するように言った。「私は君にそれを買わせるためにまさにひざまずかんばかりだった。そして、それをいつ売るべきかも教えた。情報は本部から直接私へと流れてきて、君はそれを利用して儲けたのだから、君に最低限できることは私に二五〇〇ドル払うことだ」

結局、彼は八〇〇ドルをもらうことで納得した。彼は共通の友人に、スミザースにだまされたと振れ回った。

六

ギルマーティンがみすぼらしい衣服を高価なものに替えたとき、彼の復活は成し遂げられたかのように思われた。彼は借金を清算し、より高級な地区へと引っ越した。何百万ドルも稼いだかのように金を使った。ギルマーティンが取引を手仕舞ってから一週間後には、彼の友人たちは彼がずっと前から豊かだったと言っただろう。それが彼の外見から受ける印象だった。内面の彼自身は同じまま――つまり勝負師のままだった。彼はフリーマンのブローカーのオフィスで再び投機を始めた。

二カ月後には、彼は取引業者に預けていた一二〇〇ドルを失っただけでなく、一度は妻に渡した二五〇ドルを借りて投資に回していたが、それも失った――妻は夫がその金を失うと確信していたみたいだが。今回の下落はだれにも、有力者――フリーマンにとっては謎めいていて全能の「彼ら」――にさえも本当に予想できなかった。二度目の破産をしたギルマーティンは、投機家としての能力ではなく、運の問題でもあった。実際のところ、彼は最初は非常に慎重で、過度に臆病になるという過ちを犯していたが、最後は大きな賭けをしてすべて失ってしまったのだ。

この損失について深く考えた結果、ギルマーティンは予想屋に商売替えした。彼の代わりに他人に賭けさせるのが、勝つための唯一の確かな方法であるように思われた。手始めに一〇人の犠牲者（彼はやがて彼らを依頼人と呼ぶことを学んだ）に、スチール・ロッドの優先株をそれぞれ一〇〇株売るように助言した。そして次の一〇人には同じ銘柄を同じ株数だけ買うように勧めた。全員に対して、彼は一株四ドルで利益を実現させるように助言した。すべての依頼人がこの助言に従ったわけではないが、その株を売った七人が一晩で合わせて三〇〇〇ドル近くを稼いだ。彼の分け前は二八七・五〇ドルになった。株を買った六人が損をすると、彼は投機プールの主要な一員の裏切りによって、投機プールの幹事が一時的にその株式への支援を引き上げなければならなくなり、そのために下落したのだと言った。彼らは不平を言ったが、彼は自分自身がその裏切りによって一六〇〇ドル近くを失ったのだと断言した。

数カ月間、ギルマーティンは十分に生計を立てることができたが、商売は不振になってきた。人々が彼の情報を避けるようになったからだ。彼のインサイダー情報やシャープからの内密の助言、彼自身の目による画期的な書類へのサインの目撃には説得力がなくなっていた。もしも彼が顧客の勝ち負けを交互に入れ替えることができていたら、商売を続けることができたかもしれない。しかし例えば、スチュアート＆スターン証券の店で知り合った「デーブ」・ロシターは、不幸にも負けた情報を六回続けて受け取った。これはギルマーティンのせいではなく、ロシターの運が悪かったせいだ。

ついにティッカーテープの置いてある地区では十分な依頼人を得られなくなったギルマーティンは、夕刊で週に六回、そして主要日刊紙の日曜版に広告を出さざるを得なかった。それは次のようなものだった。

われわれはこれまでに考え出されたなかで最良の手法によって、投資家の方々のために利益をもたらします。本物の専門家と取引をしましょう。取引には二つの方法があり、一つは投機的なもの、もう一つは絶対的な安全性を保証するものです。

今こそ一株一〇ドルの確かな利益を得るためにある銘柄に投資すべきときです。三ドルの証拠金で、それを実行できるでしょう。われわれがほかの銘柄に関してどれだけ的確だったかを思い出してください。この動きを利用しましょう。

アイオワ・ミッドランド

この銘柄には大きな動きが起ころうとしています。それはすぐ間近に迫っています。私はその知らせが来るのを待っています。やがてはそれをつかみ取るでしょう。大きく稼ぐ素晴らしい機会です。費用は私に手紙を書くときの2セントの切手代のみです。

内密の耳寄り情報

世界的に評判の銀行家であり相場師である人物の個人秘書は、有益な情報を知っています。

私はあなたの資金は求めません。あなたが今使っているブローカーを利用してください。私が求めるのは、あなたが助言に従えば間違いなく得られるであろう利益の歩合だけです。

一株当たり四〇ドル上がります

鉄道株で財産を築くことができます。三カ月のうちに一株当たり四〇ドルほど上がる取引が実現しようとしています。私はその進展と投機プールの内情について情報を把握できる立場にあります。私の代わりにニューヨーク証券取引所で一〇〇株を取引する人々は、情報の恩恵を十分に得られるでしょう。安全で確かな投資です。最高の保証が与えられています。

彼は素晴らしい成功を収めた。四番街の家具販売業者、州北部の酪農場主、デラウェアの果樹栽培業者、マサチューセッツの工場労働者、ニュージャージーの電気技師、ペンシルベニアの炭鉱労働者、そのほかにもあらゆるところの商店経営者や医師や配管工や葬儀屋から反応があった。ギルマーティンは毎朝多くの人々に、ある銘柄を売るように、そして別の多くの人々には同じ銘柄を買うように電報を着払いで送った。そして勝った人々には歩合を請求した。

　少しずつ彼の蓄えは増えていった。それとともに、自分の口座で売買したいという彼の欲望もまた大きくなった。彼は賭けができないことでイラ立った。

　彼はある日、不機嫌な気分のままフリーマンに会った。礼儀として、この若い皮肉屋にウォール街でだれもが口にする質問をした。

「どう思う？」。彼は株式のことを言ったのだった。

「私がどう思うかが、どんな違いを生むんですか」と、フリーマンは不敵な笑みを浮かべた。「私は取るに足らない存在ですから」。しかし、彼は自分自身の言葉どおりには思っていないようだった。

「何を知っているんだ？」と、ギルマーティンはなだめるように話を進めた。

「ゴッサム・ガスについて強気になれるだけのことは知っています。一八〇ドルで一〇〇〇株買ったばかりです」。しかし、彼は本当は一〇〇株しか買っていなかった。

「何を根拠に？」

「情報です。その会社の取締役から直接手に入れました。いいですか、ギルマーティン、私は口外しないことを約束させられました。しかしあなたの儲けのために、できるかぎりゴッサム・ガスを買うように言っておきます。取引は始まっています。私は昨夜、ある書類にサインがなされて、それがもうすぐ公表されようとしているのを知っています。彼らは欲しいだけの株をまだすべては手に入れていません。彼らがそれを買うときには、爆発的な上昇に注意しなければなりません」

ギルマーティンは、フリーマンの情報と自分が他人に与えていた情報が似ていることに気がつかなかった。彼は臆病さを恥じるかのようにためらいがちに言った。

「その株は一八〇ドルでもかなり高いように思えるが」

「二五〇ドルで売られるときにはそうは思わないでしょう。ギルマーティン、私はこれを聞いたのではありません。私個人がそう考えているのでもありません。私はそれを知っているのです」

「分かった。投資するよ」と、ギルマーティンは陽気に言った。彼は今や投機を再開する決心をして、解放されたような気分になった。フリーマンが今の彼に話したのと同じような情報を人々に流す商売で得た九〇〇ドルすべてを使い、一株一八五ドルでゴッサム・ガスを一〇〇株買った。彼はまた、この株式に投資するように依頼人全員に電報を送った。

その株価は、二週間は一八四～一八六ドルで推移した。フリーマンは毎日、「彼ら」が株式を買い増していると断言した。しかし、ある晴れた日にゴッサム・ガスの取締役たちが会合を持ち、事業は不振であるとして、彼ら自身の持ち株のほとんどを売却してしまい、配当率を八％から六％に下げることを決めた。ゴッサム・ガスはたった一〇分のうちに一七ドル下落した。ギルマーティンは持っていたものすべてを失った。広告の費用も支払えなくなった。電話会社は彼のコレクトコールを拒否した。これによって、ギルマーティンは予想屋としての収入を絶たれた。義理の兄弟のグリッグスも投機を続けており、アイオワ・ミッドランドのちょっとした取引で彼と妻の資金をすべて失った。ギルマーティンが彼から得るのを期待できるのは、たまに夕食に誘われることだけだった。家賃を払えないせいで立ち退くこととなってから、ギルマーティン夫人は夫と別居して、ニューアークにいるギルマーティンを嫌っている姉と住むようになった。

彼の衣服はみすぼらしいものになり、食事も不規則になった。しかし彼の心にはいつも、発明家の自信と同じように変わることなく、いつかどうにかして株式市場で「大儲けする」という望みがあった。

ある日、彼はコスモポリタン・トラクションで五〇〇〇ドル稼いだ男から五ドルを借りた。この株価は上がり始めたばかりだ、とその男は言い、ギルマーティンはそれを信じてお気に入りの闇取引業者である「パーシーズ」で五株を買った。株価はゆっくりと、しかし着実に上昇した。取引価格に関して経営者の意見が警察と一致していなかった「パーシーズ」には、翌日の午後に強制捜査が入った。

ギルマーティンはニューストリートに残って、ほかの客たちと捜査の入った闇取引業者の話をし、これまでの数週間に顧客の金を失ったと言われているのは年をとったパーシー自身の「八百長」なのかどうかという議論をした。一人ずつ犠牲者たちが立ち去り、ついにはギルマーティンもティッカーテープのある地区を去った。彼はウォール街をゆっくりと歩き、自分の運について考えながらウィリアムストリートに入った。コスモポリタン・トラクションは確かに株価が上昇するように思われた。実際、彼にはその株がはっきりとこう叫んでいるのが聞こえる気がした――「上がってるよ、早く、早く！」。もしだれかが一〇〇〇株を買って、彼に一〇〇株、もしくは一〇株、いや一株分の利益でも分けてあげると言ってくれたなら、と彼は考えた。

しかし、彼は電車賃すら持っていなかった。それから彼は、朝食をとってから何も食べていないことに気がついた。それを今思い出しても、彼にとって何の得にもならなかった。ブルックリンにいるグリッグスに夕食を食べさせてもらわなければならないだろう。

「どうしてコーヒー一杯も飲めないんだ」と、ギルマーティンは自嘲気味に独り言を言った。

彼は顔を上げて辺りを見回し、自分が一杯のコーヒーも飲めないレストランは取るに足りないものだと感じた。彼はメイデン・レーンにたどり着いた。視線をその通りの北側に向けると、次のような看板に目が留まった。

マクスウェル&キップ

初めは、それが意味するものがぼんやりとしか分からなかった。しばらく離れていたことで、なじみのないものになっていた。職員たちが外に出てきた。ジェムソンはジェンキンスよりもどれだけうまくビジネスを経営できるかということをいつも考えているかのように、かつてないほどの気難しい顔をしていた。何センチか背が伸びたダニーはもはや雑用係ではなく、流行の青いサージのスーツとネクタイというきちんとした身なりをし、元気さを振りまいていた。ウィリアムソンは白髪がとても増え、顔には規則正しく過ごした三〇年間が表れていた。ボールドウィンは昔のように一日の仕事を終えて、幸せそうにジェンキンスの言葉に対してほほ笑んでいた。ギルマーティンの後継者であるジェンキンスには、昔はなかった部下に命令を出す人物にふさわしい権威が感じられた。

突然、ギルマーティンは昔の日々の真っただ中にいた。彼にはこれまでの彼の姿、今もそうあったかもしれない姿のすべてが見えた。そして、彼は圧倒された。昔の同僚のところへと駆け寄り、話しかけ、握手をし、昔のギルマーティンになりたいと思った。彼はジェンキンスのほうへ近寄ろうとしたが、急に動きを止めた。衣服がみすぼらしいのを恥ずかしく思ったのだ。しかし、いかにして何十万ドルもの儲けを出し、それを失ったかを話せばよいと自分に言い聞かせた。そうすれば、ジェンキンスから何ドルか借りることができるかもしれない。

だが、ギルマーティンは急にきびすを返し、素早くメイデン・レーン付近から立ち去った。このとき彼が考えていたのは、苦境にある姿を彼らに見せたくないということだけだった。自分の服を改めて見なくても、安物は明らかだった。歩いていると、大きな孤独感に襲われた。

彼はウォール街に戻ってきた。通りの先には古いトリニティ教会があった。右手には合衆国資金庫が、左手には証券取引所があった。

メイデン・レーンからティッカー通りへ――それが彼の人生だった。

「コスモポリタン・トラクションをいくらかでも買えたらなあ」と彼はつぶやいた。それから大きな橋のある北のほうへと寂しそうに歩き、食料品店の経営を台無しにしたグリッグスと食事をともにするために、ブルックリンへと向かった。

情け深いささやき

A PHILANTHROPIC WHISPER

ウォール街には、実にさまざまな大物相場師や「指南役（グル）」がいた。印象的な言葉を発する才能に恵まれた紳士的で教養のある者や、作法も礼儀もほとんど知らない評判の悪い者や、株式市場をティッカーテープに賭けるモンテカルロとしか考えていない者や、株式市場が目的を果たすための手段であると思っている者。冷静で抜け目がなく、度胸のある者や、落ち着きがなく衝動的で興奮しやすい者。教会の中心人物であり、完全な禁酒家である者や、唯一の神はティッカーテープだと考えており、もっとも優れた仕事を行えるのは大酒を飲んで酔っている間である者。しかし、これまでの生き馬の目を抜くようなウォール街の歴史において、支持者が数千人にもなり、「靴ひもしか買えないような」投機家だけでなく、富裕層のなかでも特にお金持ちの人々が支持してみようとするような指南役はいなかった。発言が統計上の情報に取って代わり、「私はそれを買っている」と言うだけで、あらゆる熱のこもった目論見書やあらゆる会計士の宣誓供述書やあらゆる銀行家の見積書よりも多くの人々にその株式を買わせるような指南役はこれまでいなかった。

ウォール街の連中は、はじめは大衆が正気を失った投機の流行に苦しんでいるとか、カーネル・トレッドウェル（「大佐」）はアメリカで最大の財産を持っている集団に「支援」された大胆な相場師にすぎないとか、彼は価値の「操縦者」として熟練しているわけではないとうわさをしていたが、大佐が完全に力ずくで大量の買いを行ったことで株価の上昇を引き起こし、もちろん大衆は常に活況の銘柄を追いかけたので、大衆も大佐の力を認識するようになった。さらにウォール街はついに、投機的な大衆が大佐に抑えきれないほどの情熱を向ける本当の理由に気づいた。ジョサイア・T・トレッドウェル大佐はあらゆる伝統を否定し、あらゆる先例をひっくり返し、あらゆる規則を破り、株式売買の技術に関して一般に認められた考えを絶えず否定することで、あらゆる「投資のベテラン」を今にもヒステリーと失墜の淵に陥れそうな状態にして、新しい流派を作り出した。彼は真実を語っていた。

大佐はオフィスに一人で座り、考えにふけっていた。ドアは開いていて（それはいつも開いていた）、トレッドウェル社の社員と顧客はその前を行き来するときに、その偉大な指南役の寛大で優しそうな顔と、彼らにほほ笑みかけているような鋭く、小さく、生き生きとした目をちらっと見た。彼らは、大佐が計画している新しい「取引」は何だろうかと思った。それから、その株式の銘柄を――せめてその銘柄だけでも――知り、取引に「初めから参加したい」と心から、そして彼らの財布事情からもそれを望んだ。

有名な相場師になった大佐は、机のそばの回転椅子に座っていた。彼は書類の山に背を向け、右から左へ、左から右へと回っていた。背が低かった彼の靴の先は床に数センチ届かず、満足そうに足を揺らしていた。ティッカーテープが軽やかに音を立て、ときどきトレッドウェルは体や足を揺らすのをやめてティッカーの「テープ」に陽気な目を向けた。窓からはミシシッピ川の流れに見えるほどのたくさんの人々やニューヨークの夏空も少し見えたが、彼の落ち着きのない視線はあちこちを転々とし、飛び回っていた。そして社員と顧客たちは、市場が大佐の計画どおりに動くだろうかと考えていた。ティッカーテープが音を立て、大佐は考え込んでいるような様子になった。この「老人」は何をたくらんでいたのだろうか。弱気筋は気をつけたほうがよいだろう。実際のところは、ジョサイア・T・トレッドウェルは数分前に彼と別れた兄のウィルソンの髪の毛がきっとなくなるだろうと考えていた。また、「損を取り戻してくれそうな人」や「儲かる銘柄を教えてくれそうな人」を宣伝する人々は真実を語っているのか、それともそれらの言葉は、彼自身の表現で言うところの「ウォール街的」であるだけなのだろうかということも考えていた。

そのとき、トレッドウェル大佐がまったく見知らぬ若者がドアのそばに立ち止まり、株式市場の指南役をためらいがちに見た。

「入りなさい、入りなさい。入ってもまったく構わないよ」と、大佐が明るく大きな声で呼んだ。

「おはようございます、トレッドウェル大佐」と若者は遠慮がちに言った。

「君はだれで、何者で、要件は何だ?」と大佐が言い、手を差し出した。

若者はその伸ばされた、ふっくらとした手に気がつかなかった。「私はケリーと申します。父はブランクバーグ・ヘラルドの編集者だったころにあなたを知っていました」と彼はとても礼儀正しく、前置きのように言った。

「よろしい、とにかく握手をしよう」と大佐は励ますように言った。

ケリーは握手をした。彼に遠慮する様子はなくなった。感じの良い顔で、感じの良い声の若者だとトレッドウェルは思った。株式市場の指南役として想像していたのとは違い、親切で面白い老人だとケリーは思った。

「ああ、君の父親のことはよく覚えている。田舎の友人のことはけっして忘れないし、友人の息子さんと会えたときはいつもうれしい。私が連邦下院選挙に立候補したとき、ビル・ケリーは私のために熱烈な記事を書いてくれたが、熱狂的な多数派に負けてしまった。君の父親とは二〇年以上、彼が道を誤って政治に専念してから会っていない」と大佐は言った。

「ええ、トレッドウェル大佐。父はあなたのために最善を尽くしたと思います。そしてあなたに関する記事を読むかぎり、あなたは下院議員に立候補しなければより幸せだったと思います」と言って、ケリーは笑った。

彼らは何年も互いのことを知っていたかのように見えたことだろう。

「それは私が言うことだ。私がそう言わなければならないんだよ」と笑いながら答えた。

「大佐。私はあなたの助言を求めて来たのです」と若者は力強く言った。

「ほとんどの人々はそれを二度は求めない。気をつけることだ」

「それは、彼らが助言に従ったことで、裕福になり、もう二度来る必要はないということですか」

「君は政治家になるべきだよ。お父さんが新聞社に戻って君のために記事を書かなければ、そう遠くない日に目が覚めたら下院議員になっているだろう」

少年は感じの良い笑顔をしていると大佐は思った。

「お金はいくらか貯めてあります、大佐」

「それは取っておきなさい。これが私にできる最高の助言だ。すぐに帰りなさい。なんということだ、ウォール街は君が来るようなところではない」

「おや、私は……私はこのオフィスにいれば危険なんてないと思いますが」とケリーは言い返した。

株式市場の有名な指南役は、彼を真剣なまなざしで見た。少年は動じずに見返した。それからトレッドウェル大佐が笑い、ケリーも笑い返した。

「どうやって州立刑務所に入らないようにしているんだ？」

「上にある三階のフェデラル・パンプ・カンパニーのオフィスで事務員をしています。いくらかお金を貯めたので、それをどうしたらいいのか知りたいのです。この前、サンの記事を読みました。そこには、あなたが人々に貯金をサブアーバン・トローリーに投資するように助言し、彼らは成功したと書いていました」

「それは一年前のことだ。トローリーは当時から五〇ドル上がった」

「そのことがあなたの助言がいかに素晴らしかったかを物語っています。そしてあなたは、若者は貯金で何かをすべきで、それを遊ばせておくべきではないとも言っていました」。

若者は株式市場の指南役の小さく、輝いていて、優しい目をまっすぐに見た。

「いくら持っているんだ？」

「二一〇ドルです」と若者は答えて、不安げな笑みを浮かべた。彼は自分では貯金の額を誇らしく思っていた。しかし、このオフィスでは取るに足りない金額であることを少し恥ずかしく思った。

「ほう。それは相当な金額だ。私が事業を始めたときに持っていたよりもずっと多い。今持ってきているか?」と、大金持ちの相場師はとても真面目に言った。

「はい」

「よろしい。顧客を担当している、兄のウィルソンを紹介してあげよう。ジョン、こっちへ」

「ジョン」が入ってきた。彼の別名はメレンだった。彼は五五歳ほどの、痩せていて物静かな男だった。彼の競争相手は、彼がこれまでに毎年一〇〇万ドルを稼いでいて、それを持ち続けていると言っていた。

「座って、ジョン」と、トレッドウェル大佐はメレン氏と握手をしながら言った。「すぐに戻ってくる」

ドアのそばで、彼はさらに二人の訪問者と握手をした。一人は、背が高くて赤ら顔で、髪もひげも白いミルトン・スティアーズ氏だった。彼は宴会でのスピーチが得意で、機知に富んでいると自任していた。また、ついでに言えば鉄道会社の社長でもあった。もう一人は、イギリスの聖職者のように見えるD・M・オグデン氏で、彼はウォール街のとても大きなオグデン・ビルディングの所有者だった。彼らは「トローリー」の新しい取引の可否について議論するために来ていた。彼らとその仲間たちは五億ドル以上を動かそうとしていた。しかし、トレッドウェル大佐は新しい知人を兄の部屋まで送り届ける間、彼らを待たせた。

「ウィルソン、新しい顧客のケリーさんを連れて来たよ」と彼は言った。

ウィルソン・P・トレッドウェルは愛想よく笑った。彼は真面目な顔つきの、背が高くてほっそりとした男だった。大佐の会社は新しい得意先を望んでいなかった。すでに処理できないほどの仕事があったからだ。彼らはアメリカでもっとも忙しく、もっとも有名な株式ブローカーだった。しかし、大佐の友人であればいつでも歓迎された。

「ケリーさんにお会いできてとてもうれしいです」とウィルソン・トレッドウェルは言った。この会社にはほかにも若い顧客は何人かいた。しかし、彼らは年齢に似合わず十分な資力があった。

「彼のためにイーストン&アレンタウンを買えばよいと思うのだが」と大佐が言った。

彼はほほ笑んでいた。たいていの場合、そうしていた。さらに彼は、新しい顧客に対して兄が誤った印象を持っている可能性を考えていた。

「それはいい考えだ。注文をすぐに出すべきです。この株価はとても速く上がっています、ケリーさん」とウィルソンは同意した。

「さて、彼に証拠金を渡して、彼が最良だと思うだけの株式を買ってもらいなさい」と大佐が言った。

「五〇〇〇株でどうだろう」とウィルソン・トレッドウェルが提案した。

トレッドウェル大佐は笑った。「五〇〇〇？　たったの？」

「もし彼が望んで、君が彼の取引を保証するのであれば、五万株でも」と彼の兄がほほ笑みながら言った。

「まずは一〇〇株から始めるべきだと思う」と株式市場の指南役はゆっくりと言った。

すると弟のことをよく知っているウィルソンは「ああ！」と言ってほほ笑み、ケリーのためにイーストン＆アレンタウン鉄道の株式を一〇〇株買うように社員に注文を出し、少年の二一〇ドルをとても厳粛に受け取った。もっとも小さい取引業者は、そのようなごく少額の取引は受け付けなかっただろう。ただ、最大規模のトレッドウェル社は受け付けることができたし、実際に受け付けた。

大佐は、かつて地方紙を編集していて自分とはまったくソリが合わなかった父親を持つ若いケリーと握手をして「またいつでも来なさい」と言い、共謀者のもとへ戻っていった。イーストン＆アレンタウンの株式は、その週と翌週の市場の「目玉」だった。ケリーが一〇〇株を九四ドルの価格で買ってから一〇日後には、この株は一〇六ドルで売買されていた。

若者は一一日目にトレッドウェル社のオフィスに行った。彼はとても大きな金額――彼の年齢で持つことを想像したことのある以上の金額だ――の利益が出ていることを知っていたが、これからどうすればよいか分からなかった。ある男がもう一人に次のように言うのが聞こえた――「利益を確定するだって？　この株価ではやめたほうがいい。イーストン＆アレンタウンは必ず一一五ドルまで上がるよ」。

ケリーは、もしその株式が一一五ドルで売れるようになるまで待てば、およそ一〇〇〇ドル多く稼ぐことができると考えた。

その男は自信ありげに声を張って続けた。「欲張り亡者になる必要はないが、早く売って、大金を儲け損なうことにいったいどんな意味があるんだ？　損切りは早く、利は伸ばせ、だ」

彼らは区分けしたオフィスの廊下に立っていたが、オフィスは人でいっぱいで、それは有名な株式市場の指南役への毎日の取材を求めてきた新聞記者たちを除けば、全員がトレッドウェル社の顧客だった。そのなかには上院議員が二人、元下院議員が一人、相続した財産を株式市場で倍にした人たちが二〇人、名前が新聞の経済欄で何度も取り上げられた白髪交じりの鋭い顔つきをした資本家が三～四人、有名な地方政治家が一三人、赤ら顔で雪のように白いひげを生やした広く知られた西部の鉄道会社の社長が一人、有名な医師が二人、生命保険会社の副社長が一人、卸売商が一〇人、そして静かで申し訳なく思っているようにも見え、ほとんど話さず、けっして笑わないが、間違いなくオフィスで大佐の次に大物の「相場師」で、声が低くて小柄な男が一人いた。

大佐がオフィスから出てきて、よく磨かれた長い机の周りにサブアーバン・トローリー・カンパニーの取締役（いつも新聞が名前ではなく「有名なインサイダー」として言及している人々）が数人座っている兄の部屋に向かった。これはとても重要な集まりだった。後にその実施がウォール街で歴史的なものとなる、大規模な「トローリープール」に関する最終的な合意を成立させた集会だった。外部の投機家の一人が言うことには、それは「ポーカーのショーダウンの実例」だった。出資の目的のために利用可能な金額を確定させなければならず、それぞれの人が一〇万株のうち「賭け」てもよいと思う割合を発表していた。

ケリーはウィルソン・トレッドウェルのオフィスのドアのそばに立っていた。彼は、年配のとても金持ちの人々がたくさんいるなかで、まったく落ち着かなかった。大佐が通りかかると一息ついて低い声でこう言った――「まだ株を持っていますか」。

大佐の助言でイーストン&アレンタウンを五〇〇〜一万株「買い持ち」していた廊下の顧客たちは、熱心に身を乗り出した。彼らはみんな、ウォール街の外ではたとえ命が危険にさらされようとも、他人の話など聞くような人間ではなかった。しかし、ブローカーのオフィスで株式市場の指南役が話しているときには、彼の話を聞かないというのはバカげていて、不道徳だとさえ言ってもよいほどだった。たしかにそのとき、二〇人の目が株式市場の偉大な指南役と若い事務員をじっと見ていた。

大佐はこのことを直観的に感じた。彼は鋭く小さい目を向けて、それを確かめた。彼はイーストン&アレンタウンをすべて売ってしまったわけではなかったが、市場が受け入れられるだけの速さで売っていた。この株価がそれ以上高くなることはありそうになかった。これまでどんな相場師のこともそれほど信じていなかったウォール街の人々だが、今では世間の人々が「トレッドウェルが買っている」ことについては多くのうわさをしているのに、トレッドウェルが売っていることについてはまったく耳を貸さないとあざ笑っていた。もし大佐が顧客に売り注文がなだれ込むことをほのめかせば、その株価は大きく下落し、だれに対しても利益をもたらさないだろう。大佐は彼らに、その株式を九〇ドルや九五ドルで買うように助言していた。それは今や一〇五ドルになっていた。彼はもう十分義務を果たした。彼らがさらに儲けたいと思って売らないのならば、それは彼ら自身の問題だった。

しかしそこには一〇〇株を持っている少年、すなわち二一〇ドルの貯金という全財産を持ってきて、田舎から出てきたばかりの感じの良い若いケリーがいた。彼はウォール街ではよそ者だった。しかし、彼が売るように助言されたと分かったとしたらどうだろうか。

そのあとが怖い。

大佐は賭けに出た。彼は少年のほうへ顔を向けることとさえしないで、そして見ている顧客たちが彼のしていることを疑わしく思わないように、口の端から早口で――不平等だが情け深いことを――ささやいた。「自分に金があるかどうかを考えなさい。利益を確定させて、黙っていなさい」。そして彼はサブアーバン・トローリーの大物たちが彼を待ちわびている部屋へと入っていった。

ケリーは感激しながらも静かに、人々から疑われることなくイーストン&アレンタウンの手仕舞い注文を出した。それは一〇五・一二五ドルの株価で売れた。大佐のささやきによって、若いケリーの懐には手数料と利子を差し引いて一〇五〇ドルがもたらされた。

それからその株価は、わずかに上がってからゆっくりとおよそ九九ドルまで下落した。顧客たちはみんな、そのような状況でも十分な利益を得たが、トレッドウェル大佐のささやきの一つを小耳に挟んでいたら、イーストン&アレンタウンの「取引」から「儲ける」ことができた稼ぎは思ったほどは多くはなかっただろう。そのささやきは、まさに不平等だが情け深いものだった。

勝った男

THE MAN WHO WON

ジョン・P・グリーナーは部屋の隅にあるティッカーテープに背を向けて、「ブラウン、立会場に行って、アイオワ・ミッドランドの相場がどうなっているか見てきてほしい。アイオワにどれだけの売りが出ていて、だれが保有しているのかを確かめてきてくれ。ウォール街では広く流通しているはずだ」と言った。

「何をするつもりだ?」と彼の共同経営者は興味深そうに尋ねた。

「何も、今のところは」とグリーナーは静かに答えた。

彼は机のそばに座り、「アイオワ州キオカック市キオカック&ノーザン・レールウエー・カンパニー社長室」と書かれた手紙を持ち上げた。一六ページにわたる入念に書かれた手紙をすべて読み終えると、立ち上がってオフィスのなかをゆっくりと行ったり来たりした。

彼は、虚弱に見えると言ってもよいほどほっそりとしていて、縦に広く幅がやや狭い額で、血色の悪い顔をしていて、黒いひげを生やした背の低い男だった。彼の目はコソコソとしたずるそうな茶色の光をわずかに帯びていた。彼は考えていた。それも、何らかの目的のために考えていた。彼の目を見ればだれでも、初対面の人であっても、彼が何か大きなことを（このような印象は彼の額が原因だった）、そして何か巧妙な悪だくみを秘めていそうな、そして冷血そうなこと（これは彼の目が原因だった）を考えているのが分かっただろう。ついに彼はホッとした表情になった。彼はつぶやいた――「私はその道を行かなければならない。それから、わがキオカック＆ノーザンとの統合、そして国と同じくらい長続きする新しい制度を実現しなければいけない！」。

ブラウンは三〇分で戻ってきた。四二ドルで売られている株式はとても少なかった――それは弱小の株式仲買店がわずかに保有しているものだった。四四ドルになると供給量は増え、四六ドルでは「インサイダーたちが持っている株式が出てきた」。これを簡単な言葉に置き換えると、アイオワ・ミッドランド・レールウエー・カンパニーの株価が四六ドルに上がると、その会社の取締役や彼らの親友が保有株を手放そうとしているということだ。そのため、ウォール街が投機の対象として「保有」していたようなアイオワ・ミッドランド株の大部分は、競合他社のキオカック＆ノーザン・レールウエーの事実上の社長であり、数えきれないほどの「子羊たち」や夫を亡くした女性や親を亡くした子供や仲間の投資家たちにはウォール街のナポレオンとして知られていた、ジョン・F・グリーナーがとても割安だと考えるような価格では売られていなかったのだ。

「買い支えの注文はなかったか」とグリーナーが高い声で言った。株価があまりに大幅に、そしてとりわけあまりに早く下がらないようにするために、下落しているときに株式を買うことを「買い支える」という。

「バグリーは三七ドルに達するまで四分の一ドル下がるごとに三〇〇株買い、三七ドルになったら五〇〇〇株買うような注文を出している。彼はウィレッツ自身から直接買っている」。バグリーはアイオワ・ミッドランドの取引を専門としているブローカーだった。

ウィレッツはその会社の社長だった。

「ウィレッツは今朝、カウンシルブラフスにいた。彼は一時に始まる、つまり時差を考えれば、あと二〇分もしないうちに始まる兵士記念像の除幕式に出席する予定だ。午後には電報が届かなくなるだろう」とグリーナーが甲高い声で言った。

ブラウンは笑った。「彼らが君を怖がるのも無理はない」

「ブラウン、手始めにアイオワ・ミッドランドを一万株売ろう。フロアにいるボーイたちに割り振ろう。トレーディングルームが売りにおびえたとしたらうまくいくだろう。われわれにとっては、高い値段で空売りすることよりも株価を下げることのほうが大事だ。あの株価をどうしても下げたい」とグリーナーは言った。もしその株式を「空売り」したいだけであれば、彼は株価をできるだけ動かさないように慎重に実行していただろう。

「君がそうしたいのなら、できると思うよ」とブラウンが言った。彼が外に出ようとすると、グリーナーが彼の背中に向かって言った――「彼らにはいろいろ疑いを持たせるようにしよう、ブラウン。疑いを持たせように、な」。

「そうすればアイオワ・ミッドランドの株価を少なくとも三～四ドル下げ、おそらく三七ドルのくいに対処することもできるだろう」とジョン・F・グリーナーは考えた。彼は「くい」という言葉で、買い支えの注文がもっとも多い価格帯のことを言い表した。

数分後、証券取引所のフロアにあるアイオワ・ミッドランドのポストは、戸惑って心配そうにしている紳士的な一〇人ほどのブローカーに囲まれていた。そしてさらに数分後、そのポストは熱狂的な人間たちが激しく騒ぎ立てる場となっていた。ブローカーたちが興奮した身ぶりで、叫び、けんかをし、上着を引き裂き、殴り合う眺めは恐ろしいものだった――恐ろしく、粗野で、利己的で、不愉快で、下品だったが、きわめてよくある光景でもあった。そしてこの騒動を引き起こしたのは、ブラウンがハリー・ウィルソンに耳打ちするのを見られており、ハリー・ウィルソンが彼を置いてアイオワ・ミッドランドの群衆のなかへと入っていき、四二と八分の一ドルと四二ドルで一〇〇〇株を売ったという事実だった。それからブラウンが多少動揺していると思われる様子でW・G・カールトンと話をしているのが目撃されており、そのあとにカールトンはアイオワ・ミッドランドのところまで歩いていき、世間一般についいて、そして特にアイオワ・ミッドランドの相場にまったく関心なさそうにしてから、スペシャリストのバグリーに四一と四分の三ドル、四一と八分の五ドル、そして四一と二分の一ドルで一五〇〇株を売った。ブラウンは、今や同じ表情をした二〇～三〇人にじっと見られていた。そして彼は周りをおずおずと見回し、それからフランク・J・プラットと会話を始めたのを見られていた。するとプラットは、その太い脚をできるかぎり早く動かして「アイオワ・ミッドランド」のところへ行き、平均して四一ドルの価格で二〇〇〇株を売った。注意深く見ている人々はこれによって戸惑いを見せたが、ブラウンが「特別な」友人のダン・シンプソンに心配そうに手招きをしたあと、金切り声のダンがすごい勢いでますます大きくなっている人だかりへと急いで向かい、アイオワ・ミッドランドの価格をまったく気にせずに五〇〇〇株売るのを見ると、彼らはブラウンを目で追うのをやめた。彼らがシンプソンやブラウンに「ささやかれた者たち」をまねることを考えるにつれて、視線はその持ち主の喉へと移った。特に、この同じ「ささやかれた者たち」が実際の売り手としてブラウン&グリーナーの名前を「白状」しておらず、ブラウンが話をした人々は自分自身のためのように売っていたため、だれもが危険を察知した。トレーディングルームにいる人はみんな、こんなことはあり得ないと考えていたので、その結果ますます不安が増した。それは自信にあふれているが不可解な動きだった。「インサイダーに近い」と考えられている数人のブローカーたちもその株を売り始めると、それはもう理解の範疇を超えたものとなった。だれもが同じことをするようになった。そしてだれもが「何がどうなっているんだ」という同じ質問をし、だれも自分に不都合な異なる多くの答えを聞いた。ある人は穀物の不作のせいだと言い、ある人は人々の熱狂のせいだと言い、さらにある人は広範囲に及ぶ堤防の決壊と大損害をもたらした地滑りのせいだと言い、ある人は社会主義勢力による攻撃のせいだと言い、ある人は会社が破産管財人による管理下に置かれるかもしれないからと言った。

これらはそれぞれ、アイオワ・ミッドランドの株式が売られるべき理由として当然で十分なものだった。嫌になるほど陳腐な例えだが、ウォール街でネガティブなうわさが大きくなっていくのは、雪玉の形をしていたものが斜面を転がり落ち、転がるにつれてますます大きくなり、ついには最悪の事態に至るほど巨大で恐ろしいものになることによく似ている。

立会場はアイオワ・ミッドランドのことで荒れ狂った。投機家たちは、よく衝動的に行動する――まるで臆病な小動物のように。どんな株式も、たとえ操縦者によって「守られえる」、もしくは「買い支えられている」としても投機家たちが売りに殺到すると持ちこたえることはできない。まして市場における賛助者が町から離れて電報も届かないところにいるアイオワ・ミッドランドのような株式はなおのことだった。

人々が部屋のあちこちから、エリー鉄道のポストで静かに座り、友人と楽しく話していたブラウンのもとへ押し寄せた。

「ブラウン、アイオワ・ミッドランドに何があったんだ」と、彼らのなかの一人が興奮しながら尋ねた。ほかの人々は熱心に聞いていた。

ブラウンは「知らない」と無礼に言い、彼らに背を向けることもできた。しかし、彼はそうしなかった。おどけて次のように答えたのだ――「アイオワ・ミッドランドで何かが、三ドル下げるような何かが、あったんだろうと思いますよ。ハハハ！」。

このときまでに、ブラウンが何も言わなかったため、多くの聞き手は何か重大なこと――とても重大なこと――が起きているに違いないと結論付けていた。ブラウンはまだ明らかにほかのブローカーを通じて株式を売っており、自分の「在庫」を市場に出してしまうまでは悪い知らせを秘密にしておこうとしているように見えた。すべてが終わったあと、おそらく彼は面白いほどおしゃべりになるのだろう。そのため、彼らはそれぞれの会社にアイオワ・ミッドランドを手放すように助言した。それはまったく正しいことだったかもしれないし、完全に間違いだったかもしれない。しかし、株価は急激に下落していた。

オフィスにいるグリーナーは、取引と価格を記録している小さな電動の印刷機から出てくる「テープ」を見ていた。

血色の悪い顔をした小柄な男は、わずかに、ほんのごくわずかほほ笑んだ。ティッカーテープは次のように示していた――「アイオワ・ミッドランド、一〇〇株、三九ドル。三〇〇株、三八と四分の三ドル。五〇〇株、三八と八分の五ドル。三〇〇株、三八と二分の一ドル。二〇〇株、三八と八分の三ドル。一〇〇株、三八と四分の一ドル。三〇〇株、三八ドル」。

彼は顔をそむけて社員を呼び、こう言った――「ロックさん、クーリッジさんを呼びに行かせてください。急いで」。

「分かりました」

そのとき雪のように短く切った白い頬ひげを生やした、恰幅の良い、白いベストを着た白髪の男が、突然勢いよく部屋に入ってきた。

「どうしましたか、オーミストンさん」とグリーナーが丁重に、そして甲高い声で言った。

「グリーナーさん、アイオワ・ミッドランドに何があったのですか」と太った男はあえぎながら言った。

「私に分かるわけがないでしょう」と、半分は不満そうに、半分は怒りっぽく、高い声で答えた。

「ブラウンが売却を始めました。私はそれを自分の目で見ました。グリーナーさん、あなたにはかつてセントラル・ディストリクト・テレグラフの件でお世話をしましたよね。私はこのアイオワ・ミッドランドを六〇〇〇株持っています。お願いですから、何か知っていたら……」

「オーミストンさん、私が知っているのはアイオワの農作物に関する部外秘のリポートから学んだことだけです。キオカック&ノーザンの路線沿いでは、作物は私が期待していたほどには育っていません」。そして彼は悲しげに首を振った。

「カチカチカチカチ」とティッカーテープが静かに鳴った。

太った男がその小さい機械に近づいた。「三七と八分の一ドル。三七ドル！」と彼は叫んだ。「なんということだ。この下がり方はまるで……」と、彼は例えを言い終えることなく、立ち止まって別れの挨拶を言うこともなく、急いでオフィスを出て行った。一時には、彼の六〇〇〇株は四二と二分の一ドルで二五万五〇〇〇ドルの価値があった。二時となった今では、同じ株は三七ドルで、およそ二二万二〇〇〇ドルで売れることになっていた。一時間で三万三〇〇〇ドルも価値が下がると、小さな差には不注意になりがちだ。さらなる不都合な差とは、下落相場で六〇〇〇株を売ろうとすると必然的にいっそう下落を引き起こすということだった。オーミストンはやむを得なかった。

再びグリーナーは、信用している社員を呼んだ。

「ロックさん、ブラウンさんに、オーミストン・モンクハウス社がアイオワ・ミッドランドを六〇〇〇株売ろうとしていること、そして、クーリッジさんはそれに対して三五ドル以上では買ってはいけないということを電話で伝えてください」と彼は甲高い声で穏やかに言った。

「クーリッジさんはあなたの部屋にいます」と雑用係が知らせた。

無表情で血色の悪い顔をした小柄な投資家は、もっとも信用しているブローカーに向かって言った。彼らの関係は、ウォール街では疑われることがなかった。だれもがクーリッジは親切で高潔な男だと考えていた。

「クーリッジ、すぐに立会場に行ってくれ。オーミストンがアイオワ・ミッドランドを六〇〇〇株売ろうとしている。できるだけ安くするんだ。でも慌てるなよ」

「どれだけ買おうか」と、ブローカーは注文帳にいくつか数字を書き留めながら尋ねた。

「できるだけ多くだ。三七ドルよりも安い注文はすべて」とウォール街のナポレオンが甲高い声で言った。それはナポレオンならではの注文だった。「そして、クーリッジ、このことはだれにも知られたくない。売買した株は君自身が清算してくれ」。これは、クーリッジが彼自身の名前でその株を清算機構に通さなければならないという意味だった。このサービスには通常の売買手数料に加えて料金がかかるため、ブローカーに依頼した本人が取引所の会員だとすると、その正体を隠したいのでないかぎり使われることがない手段だ。

「分かりました、グリーナーさん。では」。そしてブローカーは走って出ていった。彼は数棟の建物の前を下ったところにある証券取引所に向かう途中、ウォール街で「ヒュー！」と口笛を吹いた。「ブラウン＆グリーナーは少なくとも五万～六万株は空売りしているに違いない」。これは予想よりも五倍は多かった。しかしそれは、グリーナーが誤った印象を偏りなく広めていることを示していた。グリーナーは空売りを「買い戻す」のではなく、その株式を買い集めしたいと思っていた。しかし、彼がもっとも信頼するブローカーでさえ、それを知る由もなかった。

オーミストンの六〇〇〇株は、三四と八分の七から三五と四分の三ドルでクーリッジの手元にたどり着いた。その間にブラウンはいつもの手口で価格を押し下げることに成功していた。かつてグリーナーに恩を売った男は、今度はさらに良い結果（四万ドルの贈り物）をもたらした。

そのうえ、数人のブローカーを雇っているクーリッジは全部で二万三〇〇〇株を買ったが、これはグリーナーがブラウンの以前の「空売り」を「買い戻した」あとで、アイオワ・ミッドランド・レールウエー・カンパニーの普通株を前日よりも平均でおよそ六ドル安い価格で、つまり七万五〇〇〇ドル安く、一万四〇〇〇株を保有できたことを意味した。

しかし、ブラウン＆グリーナーは空売りでも同じように稼いでおり、これは実質的に人間によって毛を刈られる特権の対価を羊に支払わせるのに等しかった。

ウォール街の小さなナポレオンがアイオワ・ミッドランド株の流動的な供給を捕らえ、ついには六万五〇〇〇株もの株を安全な状態で手に入れる、一連の小競り合いの始まりはこのようなものだった。

グリーナーがあらゆる機会を利用してその株を買っているという事実を隠すために、彼は知っている昔からの手口と自ら考え出した策略のすべてを使った。しかし、ある限度を超えると、特定の株の大規模購入は、疑い深いことで生計を立てている――実際、とても良い暮らしをしている――多くの人々から隠すことはできない。初めにある一つのこと、それからもう一つのことによって、これらの人々はある有力な投資家、もしくはその集団がアイオワ・ミッドランドをたくさん買い、過去数カ月の変動でふるい落とされた株をすべてそれとなく「買って」いることを知った。このような事実と鉄道路線沿いの事業の並外れた成功によって、この企業の株価の「大幅な上昇」が引き起こされた。しかし、公開市場で怪しまれずに行動できるブローカーを通じて、またアイオワで地元の保有者たちから秘密の仲介人を通じて七万八六〇〇株を買い集めていたのが、ずるそうな目と甲高い声と類いまれな才能を持った小さなナポレオンだったとはだれも思っていなかった。

ブラウンはある日、共同経営者に少し不安そうに言った――「これ以上の株を買うことができないとしたら、保有している株をどうしようか」。それを売ろうとすれば、どんなに注意深く行ったとしても、市場が暴落することは避けられないだろう。

「ブラウン」と小柄な男は甲高い声で悲しげに言った。「私の考えでは、ウィレッツと彼の仲間たち（アイオワ・ミッドランドの社長とその仲間の取締役のこと）を引き込めるだけの株を得られない場合には、今持っている株をまとめて一株当たり六八ドルの市場価格でキオカック&ノーザン・レールウエー・カンパニーに売るべきだと思っている。もしかしたらその価格をもう少し高くすることができるかもしれない。私たちの株は平均して一株当たり五一ドルかかった。その支払いは半分を現金で、もう半分を第一担保付き債券でかなり割り引かれた価格で受け取れるだろう。この取引はキオカック&ノーザン社にとってとても有益なはずだ。競合他社の株をそれだけたくさん保有すれば、これ以上競ったり値下げしたりすることもないだろうから。われわれの会社にはアイオワ・ミッドランドの取締役が二人、ひょっとしたら三人いるはずだから、この件において有利に働くだろう」

「グリーナー、早くしよう!」とブラウンが言った。

「いや、まだだ」と、小柄な男は甲高い声で卑屈に言った。

その直後に、アイオワ・ミッドランド・レールウエー・カンパニーの経営陣、特にウィレッツ社長に対する反対運動が始まった。中傷や巧妙な非難、そして不安にさせるような予言を含む激しい運動だった。あらゆる新聞が、重要なものも知られていないものも、補助を受けているものも公平なものも、専門的には「酷評」と言われる類いの記事を書いた。この路線はまったくの奇跡によって管財人の管理下に置かれるのを免れたということが公表された。ウィレッツ社長の能力のなさは驚くべきもので、救いようがなかった。この不満には信頼に足るいくつかの根拠があり、多くの株主たちが明らかにウィレッツの「王朝」に満足していなかった。しかし、新聞社でさえも、単に金融業界の最高の天才が引く糸に反応して動いているにすぎないということを知らなかった。その株は再び下落した。ウィレッツ社長はだれと戦っているのか分からなかったため、自分をうまく守ることができなかった。臆病な、あるいはうんざりした多くの保有者たちが売った。グリーナーは気配をまったく感じさせなかったが、彼のブローカーたちは売りに出された株を買った。

ついに、ある有名でおしゃべりなブローカーが、ジョン・F・グリーナーがアイオワ・ミッドランド株の下落と上昇の原因だったこと、彼が数カ月にわたって証券取引所でそれを買っていたこと、アイオワでひそかに大量の株をまとめて買っていたことを親友に打ち明け、その彼も親友にこっそりと教え、そのまた彼も友人に耳打ちをする、というようなことが繰り返された。これらのことはすべてとても残念なうえに、もっと悪いことには事実だった。また、グリーナーが今ではその株を一八万二三〇〇株保有しているという、さらに残念なことも伝えられたが、これは事実ではなかった。

それは本当にうまく成し遂げられた。その会社の年次総会までは六週間しかなかった。

記者たちがグリーナーのオフィスに押し寄せた。小柄な投資家は姿を現そうとしなかった。しかし、ついに仕方なく取材を受けることに同意した。彼は気が進まない様子を巧みに見せてから、アイオワ・ミッドランドの株を買ったことを認めた。その量については、それは大衆が関心を持つことではないと言った。記者たちはついに彼を追い詰め、その小柄な投資家に独特の笑みを浮かべさせながら次のように言わせることに成功した――「はい。一〇万株以上です」。そして、新聞記者たちが彼からそれ以上の言葉を引き出すことはできなかった。

賢明な人物である彼は、新聞記者にはウソをけっしてつかなかった。彼のほほ笑みと隠し事をしているような表情を見た記者は、ジョン・F・グリーナーがアイオワ・ミッドランドの主導権を握っているということを命を懸けてもよいと思うほど確信して立ち去った。そしてそのように記事を書いた。

ウィレッツ社長は、卒中の発作を起こしそうになった。ウォール街の人々はうんざりしてこう言った――「またもやグリーナーの悪質な策略が成功した」。彼の路線とその利益の「吸収者」としての評判は相当なものだったため、株価は二日間で一〇ドル下落した。投資家や投機家たちはそろって、何としてでもグリーナーの保有している資産など持ちたくないという、すさまじい願望を表明した。

小柄な資本家は、間違いを犯していなかった。彼の最後の切り札は彼自身の悪い評判だったのだ。彼はそれを最後に取っておいていた。彼のブローカーの優れた「軽率さ」に続いて恐怖が広まったことで、さらに三万二〇〇〇株を安い価格で「すくい上げる」ことができた。有名であることの価値はそれほどのものだった。

彼は今や一一万六〇〇〇株、つまりアイオワ・ミッドランド・レールロード・カンパニーの資本金の三分の一（ウィレッツに、グリーナー氏のキオカック&ノーザン・レールウエー・カンパニーとのとても利益になる協定を結ばせるのに十分な量）を保有していた。もちろん、保証さえされるのであれば、アイオワ・ミッドランドの完全な支配権を手に入れるのが最良だった。しかし、この広い額とずるそうな目をした血色の悪い顔の男は疑わしいと思っていた。彼はブラウンにも同じように打ち明け、最後に次のように言った――「これは残念なことでもある。その資産からとても多くを稼ぐことができたのに」。

ウィレッツと彼の派閥が一〇万五〇〇〇株を保有していると見積もっていたため（そのため彼らに対する優位性を確かなものにするのに一万一〇〇〇ドル多く買った）、どこにあるか分からない株はまだ一二万二〇〇〇株あるだろうと彼は推測した。そしてそれらはおそらく、心地良く配当の保証を受けられるかぎりはその路線をだれが経営しているか気にしないような、国内の小口投資家と、ウィレッツをよく思っているわけではないものの、それ以上にグリーナーと彼のやり方を絶対に支持しない銀行と反グリーナー派の人々の間でバラバラに保有されていた。

彼が株そのものを買うことができないのであれば、委任状を手に入れなければならなかった。

彼は、いくつかの信託会社が待望の株をたくさん保有していることを知っていた。そこで、彼らへ攻撃を仕掛けた。彼らに約束を投げかけ、彼らの不信のよろいを貫くかのように、とても高潔できわめて堅実な、そして実務的な誓いの炎を浴びせた。ついに、彼らは賢明な行動をしていると実際に信じて、グリーナーを支援することを誓った。彼から与えられた保証が完璧なものに思われたため、彼が委任状を要求したときはいつでもそれを渡すことに応じた。

彼は社員のロックを呼んで言った――「ルーラル・トラスト・カンパニーとコマーシャル・ローン&トラスト・カンパニーに行ってきてくれ。そこでロバーツ氏とモーガン氏に会うんだ。彼らはフレデリック・ロックかジョン・F・グリーナー宛てに書かれたアイオワ・ミッドランドの委任状を渡してくれるだろう」。

ロックはとても良い形の頭とがっちりした顎を持つ容姿の整った無口な男だった。彼の態度は感じが良かった。彼は相手の目をまっすぐ見る癖があったが、それによっていつも率直な印象を伝えることに成功していたわけではなかった。しかし、たしかに力強くて鋭い印象を与えていた。社員の仲間は、ロックは軍隊がナポレオン・ボナパルトの作戦を学ぶのと同じくらいの注意深さと綿密さで、ウォール街のナポレオンの金融における作戦を学ぶことに時間を割いていたと言っていた。そして、それは事実だった。

「グリーナーさん、あなたは一一万株持っているんですよね」とロックが言った。

「えっ？」とグリーナーが何食わぬ顔をしながら甲高い声で言った。

「このオフィスの外で何かをしているのでないかぎり、あなたが完全な支配権を得て自分で取締役を選び、キオカック＆ノーザンに関連する計画を実行するためには、あと五万株の委任状が必要だと思います」

背の低い男は、ロックの言葉に関心を持つこと、つまり社員が会社の事情に干渉するのはまったく尋常ではないということを、一瞬でさえ考えることがなかった。

「グリーナーさん、あなたのためにそれを手に入れるようにしたいと思います」と、その社員はとても真剣に言った。

「本当か」と彼は上の空で言った。

「はい」とロックが答えた。

「それなら取り掛かってくれ。来週にどうなっているか知らせるように」とグリーナーはぞんざいに言った。

失望の表情がロックの顔に浮かび、グリーナーはすぐに付け足した――「もちろん、成功すればそれなりのことはしよう」。

「何をするのですか、グリーナーさん」と、社員は彼をまっすぐ見ながら尋ねた。

「一万ドルを与えよう」と、彼は励ますように甲高い声で言った。

「グリーナーさん、それはこの仕事に対しての適切な対価ですか？　私はすごい取引を成功させるかもしれないのですよ」と、若い社員は少し皮肉を込めて付け加えた。

「ロックさん、今の私にとって委任状集めは、何よりも優先すべきことだし、もっとも尊いものだと思っているよ。君の給料を年一六〇〇ドルから二〇〇〇ドルに上げよう。これは私が君の年齢のときにもらっていたよりも多い額だ、ロックさん」

「分かりました。できるだけのことをします」とロックは静かに言った。しかし、グリーナーから離れるとすぐに、彼の顔は怒りと憤りで真っ赤になった。「資本家にとって一〇〇〇万ドルの価値があるかもしれないものに対して、一万ドルだなんて！」。この社員はグリーナーのナポレオン的方法を二年間学んできた。彼は一つの物事に対する忍耐力を身につけ、機会が訪れるのを待ってきた。それがついにやって来て、彼はそれに気づいた。

出来事が人間を作る。ロックは注意深く、賢明に、そしてとりわけ冷静に考えてきた。彼は論理的に計画を進めてきた。それは素晴らしい計画だった。唯一の実現可能な計画で、おせっかいな裁判所が台無しにしてしまうこともなかった。ジョン・F・グリーナーが同じ計画を考えつかなかったのは少し奇妙なことですらあった。その性格の悪さを社員が恐れることはなかった。ロックにはグリーナー流の資本家の素質があった。

この社員がその週にしたのは、親切な信託会社が約束したアイオワ・ミッドランドの委任状を集めることだけだった。それらは合わせて二万一二〇〇株分になった。有名な証券会社からは、魅力的で正式には認められていない約束によって七一〇〇株を手に入れた。これを合わせると二万八三〇〇株になった。これは、近づきつつある年次総会で合計三二万株と見込まれるうち、グリーナーが一三万八九〇〇株分の投票権を持つことを意味した。対抗勢力が団結しないかぎり、選出はすでに「グリーナーの思いどおり」になるのが確実だった。

背の低い資本家がときどきロックに進捗状況を尋ねると、社員は期待どおりにうまくやっていると伝えた。また、彼はグリーナーに信託会社が一万四〇〇〇株しか渡してくれなかったと伝え、親切なブローカーから手に入れた七一〇〇株については何も言わなかった。どれほど彼がうまくやっていたかをグリーナーに隠すのは捨て身と言えるほど危険だったが、この社員は勇敢だった。

どんな手段を使ってもグリーナーを支持する委任状がこれ以上増えないとロックが確信すると、彼は敵を攻撃し始めた。彼の課題は、反グリーナーの票（つまり株式）を奪い取ることだった。彼は続けて計画を実行した。そして断固とした目としっかりした顎をした野心的な社員の計画は、コソコソした目つきで大きな額を持つ血色の悪い背の低い男に値するものだった。

「どちらに転んでも損はしない状況だ」と、ロックは勝ち誇って独り言を言った。

この若い男は、有名な銀行家でジョン・F・グリーナーと彼のやり方に対して厳しい敵対者であるウェッデル・ホプキンス社のオフィスに行った。彼らはロックのことをブラウン&グリーナーの腹心の社員の一人として知っており、彼はウェッデルに話を聞いてもらうのには苦労しなかった。

「おはようございます、ウェッデルさん」

「おはよう。あなた方が無遠慮にもあなたをここに送り込んだことには、本当のところ、少し驚いています」と銀行家はそっけなく言った。

「ウェッデルさん、私はブラウン&グリーナーを去ってきました」と、ロックが芝居を打つには少し熱心すぎる様子で言った。そして「彼らは私に対しての扱いがあまりにぞんざいでした」と若者らしく付け加えた。

ウェッデルの顔が固く凍りついた。彼はロックが次に何を言い出すのかと恐れた。

「そうですか」と彼は言った。彼の声は堅苦しい表情の顔に合っていた。

「ウェッデルさん」と、若い社員は年を取った銀行家の目をまっすぐに見て言った。「あなたは多くの誠実な人々と同じように、グリーナーがアイオワ・ミッドランドを破綻させるのを防げたらと望んできたでしょう。さて、ウェッデルさん。私はグリーナーさんの計画と方策をすべて知っているので、あなたが彼と戦うのを手伝いたいと考えています。あなたが戦えば、きっと勝てるでしょう」と、彼はこの計画の熱意が募ってきた様子で熱っぽく続けた。

「どうやって、やるんだ?」と、年寄りの銀行家は言葉を濁して尋ねた。彼には、これが多才なジョン・F・グリーナーのたくらみではないと、まだ確信することができなかった。

「グリーナーはその資産の支配権をまだ持っていません。一一万六〇〇株しか持っていないのですから。私は帳簿を見ることができたので、一株残らず知っています」と若いロックは答えた。

「あなたの雇い主が私の敵であるにしても、あなたには彼の秘密を漏らしてほしくないね。これ以上は聞きたくない」。ウェッデルは古風な銀行家だった。

「私は秘密を何も漏らそうとは思いません。彼自身が一〇万株以上を持っていると言ったため、記者たちが実際の所有権は彼にあるという結論に飛びついたのです。そしてあなたが私を手伝わないかぎり、彼はそれを手にするでしょう。私は信託会社と証券会社から受け取った二万八三〇〇株の委任状を持っています。私の計画は、反グリーナー派と反ウィレッツ派の株主から可能なかぎりの委任状を手に入れることです。そうすれば、本当に必要とされている改革を始め、資金の浪費や費用のかかる計画をやめるという誓約をウィレッツさんから書面で受け取ることができます。ウィレッツは、彼自身と路線がグリーナーの手に渡るのを避けるためにはそうするでしょう。しかし、もう一刻の猶予もありません、ウェッデルさん」。進行中の勝負による興奮は、彼をワインのように刺激した。

「あなたは？　あなたはどこで出てくるのですか」と、年寄りの銀行家が意味ありげに尋ねた。他人をうまく取り込むことが彼の最後の武器だった。若い男の最後の武器は、実際のところ彼が考えられる唯一の実現可能な計画だった。

「私ですか？　投票が行われると、経営改革の責任に対する十分な信頼の証拠として、私がその会社の秘書補佐に指名されるかもしれません。私は彼らを監視し、ウェッデル・ホプキンスの利益を代表することができます。給料は年に五〇〇〇ドルでどうでしょう」と、彼は心から鋭い深刻さを込めて付け加えた。「私は今、そのちょうど半分を受け取っています」。ロックの給料は実際には一六〇〇ドルだった。しかし、どうして自分の価値を低めに評価することがあるだろうか。

年寄りの銀行家は行ったり来たりした。

「仕方がない、私たちの委任状を差し上げよう」と、ついにウェッデルが言った。

「グリーナーさんにこのことを疑われるとよくありません」とロックが補足した。そして銀行家も彼に同意した。

ウェッデル・ホプキンスはアイオワ・ミッドランドの株を一万四〇〇〇株保有しており、翌日にロックは彼らの委任状を受け取った。とても有名で、反グリーナー派としてよく知られている企業から得た委任状は、彼にとって信用を証明するものとして役立ち、彼はうたぐり深い使徒トマスのような多くの人々を説得することができた。ロックはフィラデルフィアとボストンに加えて、市内のほとんどすべての反グリーナーが保有している株式の委任状を手に入れた。

ブラウンやグリーナーを含めただれもが、ロックはブラウン&グリーナーのために働いていると考えていたため、彼がオフィスに一日いなくても疑われることはなかった。彼がグリーナーの友人や彼の敵対者から手に入れた委任状は、合わせて六万一八三〇株になった。それは並外れた成績だった。彼はそのことを誇りに思った。結果に関して、彼は注意深く検討した。彼はフレデリック・ロックのために働いていた。コインのどちらの面が出ても、彼が成功するのは確実だった。

グリーナーが彼を個人部屋に呼んだ。

「ロックさん、アイオワ・ミッドランドの委任状はどうなっている?」

「問題なく持っています」と、社員は少し挑戦的に答えた。

「何株分だ？」

ロックはその数を記憶していたが、一枚の紙を取り出した。彼は平然としていようと努めるような口調でこう言った――「ちょうど六万一八三〇株持っています」。

「何？　何だって？」と言うナポレオンの声は、驚きにあふれていた。

ロックはグリーナーのずるそうな茶色の目をまっすぐ見た。「六万一八三〇株の委任状を持っていると言ったのです」と彼は繰り返した。

グリーナーは冷静になった。「ロックさん、約束を守ってくれてうれしいよ。私も同じようにきっと約束を守ろう」と、彼はいつもの甲高い声で言った。

「私たちはほかのどんなときよりも今理解し合ったほうがよいでしょう、グリーナーさん」。

ロックは鉄道会社の解体者の血色の悪い顔から目を離さなかった。彼はルビコン川を渡ったことを知った。彼は将来のため、夢の成就のために戦っていた。そして、強敵のなかの強敵と戦っていた。このようなことをロックは考えていた。そしてこの考えは彼を驚くほど励ました。彼は冷静で洞察力の優れた人間、つまり、今にも満開になりそうなナポレオンのつぼみになった。

「どういう意味だ？」と、グリーナーは事情が分からないとでもいうように甲高い声で言った。

ブラウンが入ってきた。彼にはちょうど、ロックがこういうのが聞こえた――「あなたはアイオワ・ミッドランドを全部で一一万株持っています。ウィレッツ社長と彼の仲間がだいたい同じ株数を管理しています」。

「そうだ」と血色の悪い顔をした小柄な男が言った。彼の額は汗で湿っていた――わずかに湿っていた――が、顔には表情がなかった。目はそれほどコソコソしていなかった。それがすべてだった。彼は今、若い社員をじっと見ていた。そして、彼は理解したのだ。

「そう、フレデリック・ロックもしくはジョン・F・グリーナーの名前で代表している委任状もありますが、大部分は私の名前だけです。私は好きなだけ投票することができます。そしてどちらの側に投票しても、私は絶対多数のほうになります。私にはアイオワ・ミッドランドの取締役たち、ひいては社長の指名権があります。そしてあなたは私を止めることができません。触れることもできません。私に何もすることができません」と、彼はにらみつけながら言い終えた。そのほとんどすべてが余計で、品がなかった。しかし、彼は若かった――欠点は時間とともに克服していくものだ。

「このいまいましい悪党めが！」とブラウンが叫んだ。彼の首は短くて太く、顔は怒りで危険なほど紫色になっていた。

「私は委任状のほとんどを手に入れました」と、ロックは少し自己防衛をするような口調で続けた。「ウェッデル・ホプキンス社とその友人たちに、グリーナーさんに反対する票を投じると約束してね」。ここで彼はひと呼吸置いた。

「続けて、ロックさん。話すのを怖がらなくていい」とグリーナーが甲高い声で言った。黒いひげと縦に長い額を持った顔の青ざめた小柄な男は、金融における優れた才能だけでなく素晴らしい度胸を備えていた。彼の高い声はそれらと合わなかったが、彼を人間らしくするのに役立っていた。

「あなたは私に一万ドルの現金と年に二〇〇〇ドルとを提示しましたね」

「そうだ。いくら欲しいんだ？」とグリーナーは素直に認めた。彼の表情は再びソワソワした。大きな重りが彼の心から取り除かれた。ロックはそれを感じ取り、さらに勇気が湧いてきた。

「ウィレッツさんが重要な改革をすると約束したため、ウェッデル・ホプキンス社と彼らの友人たちは私にウィレッツ候補に投票してほしいと考えています。報酬は、ウェッデル・ホプキンス社の援助は言うまでもなく、ニューヨークの本部勤務で、年に五〇〇〇ドルの給料と秘書補佐の地位ということになっています」

「私も同じだけの待遇をして、現金で二万ドル払おう」と、グリーナーが静かに言った。

「いいえ。私はニューヨーク証券取引所に加入したいのです。あなたには私のために会員権を買い、事業の一部を譲っていただきたいと思っています。そして私に手形で五万ドルを貸していただきたいのです」

「えっ？」

「グリーナーさん、私にできることはお分かりでしょう。そして私は、アイオワ・ミッドランドの完全な支配権があなたにとってどれだけの意味を持ち、キオカック&ノーザンとの統合や、一方がもう一方をリースする契約が両者に、そしてあなたにどう影響するかということを知っています。そしてあなたのブローカーになりたいと考えています。あなたのために忠実に働きますよ、グリーナーさん」

「ロック、握手をしよう。君が思っていることは分かっている。会員権を買い、できるかぎりの事業を譲り、手形なしで一〇万ドルを貸そう。今では君のことを分かっているつもりだ。会員権は、それが買えるようになったらすぐに与えよう。私の利益は、将来的に君の利益になるだろう」とグリーナーは甲高い声で言った。

「私は必要な手配をすべて行いました。会員権はすぐにでも買うことができます」とロックは静かに言ったが、彼の心臓は純粋な勝利の喜びで激しく高鳴っていた。「それには二万三〇〇〇ドルかかります」

「シンプソンさんに、私の個人小切手を二万五〇〇〇ドル分振り出すように伝えてくれ」と、ウォール街のナポレオンは心からの言葉と言ってよいような金切り声を発した。

「あ、ありがとうございます、グリーナーさん」と、勇敢なロックは言葉を詰まらせながら言った。「委任状は……」

「ああ、それは問題ない」とジョン・F・グリーナーが口を挟んだ。「君には私たちとデモインに行ってもらう。君はもう私たちの一員だ。私は君のような人物を長い間望んでいた。しかし、ロック、最近の若者は勝負師か愚か者のどちらかだな」と、彼は最後に悲しげな高い声で付け加えた。

一週間後、グリーナーはアイオワ・ミッドランド・レールウエー・カンパニーの社長に選ばれ、ロックはニューヨーク証券取引所の会員になった。

失われた機会

THE LOST OPPORTUNITY

何年もの間、ダニエル・ディッテンフォッファーはジョン・F・グリーナーの破滅を願ってきた。「オランダのダン」――これがウォール街におけるディッテンフォッファーの呼び名だった――は、際立った金髪にとても赤い鼻、とても耳障りな声、そして体のがっしりした男だった。グリーナーは黒い髪に甲高い声で、血色が悪くて浅黒い小柄な男だった。彼の目はコソコソとしていて茶色く、額は広かったが、ディッテンフォッファーの目はまっすぐで青く、好戦的な顎と太い首はプロボクサーのようだった。彼らは二人ともニューヨーク証券取引所の会員だったが、グリーナーは彼の被害者の一人に襟をつかまれて体ごと持ち上げられ、取引所の石炭庫へと五メートルの高さから突き落とされてから、「フロア」に姿を見せなくなっていた。彼は、ちょうどヘビのボアコンストリクターが獲物を飲み込みやすくするために粉々にするように、鉄道網を吸収合併する準備のための手段として鉄道会社を破綻させようと計画していた。しかし、その実行は何年もの間、放置され、そのため彼は不安でソワソワしていた。

ディッテンフォッファーは日中は一〇時から三時まで証券取引所で過ごし、夜は一〇時から三時までルーレットやファロのテーブルの前で過ごしていた。やむことなく打ち寄せる波のように落ち着きがなく、慢性的な不眠症に悩む彼は、必然的に強い刺激を求める体を満足させなければならなかったが、精神的に錯乱するのだけは避けたかったので、賭事というワインを絶え間なく大量に摂取していた。これは神経に対して最上級のウイスキーと同じような働きをした。彼は株式を五万株売買し、トランプめくりに五万ドルを賭けた。あるとき彼は、机の上に降りた二匹のハエのうち、どちらが先に飛んでいくかを当てるのに大金を賭けたことがある。グリーナーは証券取引所で、望んでいる結果を得るための手段を見つけた。少額の株式の仲買いをたくさんしていたにもかかわらず、彼の心の奥底には株式の取引に関して大した考えは持っていなかった。しかしディッテンフォッファーは、株式市場は投資家が正しいときには称賛を受けに、そして間違っているときには資金の力で報いを乗り越えて行くべき終審裁判所だと考えていた。この二人は、マキャベリとリチャード一世獅子心王が体格も気質も性格も似ていなかったように、相場のやり方が異なっているのは自然なことだった。

グリーナーとディッテンフォッファーの間の確執がそもそもどのようにして始まったのかを知っている人はいなかった。「鉄道事業の小さなナポレオン」は、オランダのダンが株式市場での取引にいろいろ干渉してくることに対して、かすかに敵意を感じていた。しかしディッテンフォッファーは、おそらくタカがヘビを嫌うのと同じ理由（まったく異なるものへの本能的な嫌悪）で、グリーナーを激しく嫌っていた。

多くの人々がグリーナーを「破滅」させようとしたが、グリーナーは敵対者の攻撃によってさらに金持ちになり、彼の資産は敵対者の資産が少なくなるのに比例して増えた。サム・シャープは「グリーナーのような金融業界の嫌われ者」をどのように打ち負かすかを、衰退し切った東部の連中に示すために、アリゾナから一二〇〇万ドルを持ってやって来た。そしてその金融業界の嫌われ者は、シャープとの勝負で一年近い間、おそらく月に五〇万ドルの出費を強いられていたにもかかわらず、新しい教訓を何も学んでいなかった。その後、シャープがこの勝負とグリーナーについて学ぶと、彼はディッテンフォッファーと手を組んで一緒にグリーナーを攻撃し始めた。彼らは大きな資金力があり、金銭的な恐怖をまったく持たない、腕の良い相場師だった。そして彼らはグリーナーを嫌っていた。もっと昔の時代であれば、彼らは小さなナポレオンを切り刻み、その焼かれた心臓を祭壇の周りにある大皿に捧げていただろう。つまらない一九世紀に、彼らは喜んで多くの人の涙で濡れた数百万ドルを彼から奪おうとすることで満足し、彼らの笑みで充ちた数百万ドル（七〇〇万～八〇〇万ドルほど）をまとめ、攻撃を開始した。この一つにまとまった資産は一〇発の弾丸に分割され、声が高くて額の広い小さな男に次々と浴びせられた。小柄な男は一発目と二発目、そして三発目を避けたが、四発目が彼の腕を折り、五発目が彼の息の根を止めた。ウォール街はグリーナーの保有株を空売りすることで、砲術練習生たちを応援して彼らへの信頼を示した。しかし六発目の直前に、グリーナーはけちな心と現金三〇〇〇万ドルを持っている年寄りのウィルバー・ワイズに支援を呼びかけた。人間の背の高さほどになる国債でできた防護壁が力を失ったナポレオンのために築かれ、金融業界の砲手たちは貴重な弾丸を撃つのをやめた。新しいとりでは堅固で、彼らはそのことを知っていたため、自分たち自身の砲弾と、避難所を探すのに忙しいグリーナーが放棄した小規模な鉄道路線をかき集めることで満足した。それからシャープはイギリスに行って競馬のダービーで勝ち、ディッテンフォッファーはロングブランチに行き、一晩で平均して一万ドルかかる賭け金無制限のファロを一カ月もの間、楽しんだ。

小さなナポレオンとオランダのダンが一戦を交えたあと、ウォール街には平和の時代が訪れていた。しかし、数カ月後に再び争いが始まった。グリーナーは彼の持ち株が幅広く上昇することを望み、そして特にお気に入りのフェデラル・テレグラフ・カンパニーの「上昇」を望んでいた。ディッテンフォッファーは「ブル相場」、つまり上昇の動きを急がせる必要はないということを示すため、グリーナーが価格を押し上げようとするたびにその株を「空売り」した。グリーナーが四回株価を押し上げようとし、ディッテンフォッファーは四回、数千株を売った。これは株価の上昇を抑えるのにちょうどの量だった。あるところまでは、株価の操縦者は成功するものだ。彼の株価操縦は多くの巧妙で複雑な行動と手段から成っていたのかもしれないが、ブル相場を演出する株価操縦の基本とは、ほかの人々が売ることができる、もしくは売りたいと思っているよりも多くを買うということだ。グリーナーは買おうとしていたが、ディッテンフォッファーはそれよりもずっと多くを売った。

グリーナーは本当に大変な難局に直面していた。彼は多くの重要な事業に取り組んでいた。彼はそれらを実行するために現金を必要としており、株式市場で起こるかもしれないことを恐れている銀行は彼に十分な資金を貸すのを嫌がった。それに加えて、銀行の取締役たちがグリーナーに資金を貸すのを拒んだことで、彼が積み荷をさらに船外に投げ捨てなければならないのであれば、銀行の取締役たちの側には素晴らしい掘り出し物を手に入れることができるという望みがあった。グリーナーは、鉄道を破綻させる計画で数えきれないほどの未亡人や孤児から資金を略奪をした。資金の貸し手は、未亡人や孤児たちの恨みを晴らすべきだった。それは人から褒めてもらえるような行いだった。彼らの心にはそれを疑う気持ちがなかった。

グリーナーがもっとも関与していたフェデラル・テレグラフは、ゆっくりと下落しつつあった。ほかの株で成功していたオランダのダンは、「フェデラル・テレグラフから永遠に日光を奪い去る」ことにした。彼はルーレットに賭けるように、静かにそれに取り掛かった。つまり、整然と、絶え間なく、気がめいるほどそれを売った。そして株価は下落した。ウォール街でうまくいっていないグリーナーは、自らを救うために行動すべきときだと思い立った。彼に必要なのは、たったの五〇〇〇万ドルだった。それが難しいのであれば、三〇〇〇万ドルで十分だった。あるいは、差し当たり二五〇〇万ドルでもよかった。しかし、彼はすぐに資金を手にしなければならなかった。遅れは危険を意味し、危険はディッテンフォッファーを意味し、ディッテンフォッファーは死を意味しかねなかった。

突然どこからともなく、だれが作り出したわけでもないが、グリーナーが困難に陥っているといううわさがウォール街を駆け巡った。金融の世界における墓場荒らしが銀行に駆け込み、頭取に話を聞いた。彼らは本当のことを聞き出すために、質問をすることすら必要なかった。頭取はあたかも知っているかのように、こう言っただけだった――「グリーナーはひどく困窮しているみたいだね」。

銀行の頭取は寛大に、哀れんでいるようにも見える様子でほほ笑んだ――「ああ、それを初めて聞いたんですか。われわれは六週間前から知っていました」。

墓場荒らしは証券取引所に駆け戻り、グリーナーの株式、実際は優れた資産であるフェデラル・テレグラフではなく、復活したのが最近であるために力がまだついていない再建した路線を売った。株価は下落し、このようなささやき声が聞こえるようになった――「ディッテンフォッファーがついにグリーナーを倒した」。

たくさんのブローカーたちが、親友のディッテンフォッファーを祝うために押し寄せた。彼らはディッテンフォッファーをナポレオンの征服者や時の英雄や将来の自由主義委員会の執行人と呼んだ。しかし親愛なるディッテンフォッファーは見つからなかった。彼は取引所の「フロア」にもオフィスにもいなかった。

ブローカーたちがディッテンフォッファーを祝おうと考えるよりも先に、ある人物が彼を探していた（それはあらゆる投機家のなかでもっとも偉大で、オランダのダンよりも優れた人物だった）が、この人物はコソコソした茶色の目に甲高い声、そして見事な額をした小柄な男だった。ジョン・F・グリーナーだ。

「ディッテンフォッファーさん、あなたに質問したいことがあって呼びに行かせました」

と彼は静かに高い声で言った。彼は鳴りやまないティッカーテープのそばに立っていた。

「もちろん、グリーナーさん」。そう言って、ディッテンフォッファーはすぐに「手を緩め」てほしいという卑しい要求をされるのだろうと思った。そして彼は、手厳しく拒否するためにあらゆる言葉が頭の中を駆け巡っていた。

「私の注文を執行してくださいますか」

「もちろんです、グリーナーさん。だれの注文であっても執行します。私はブローカーですから」

「結構ですねぇ。私のフェデラル・テレグラフ・カンパニー株五万株を売ってください」

「価格は？」と尋ねると同時に習慣から数字を書き留めながらも、ディッテンフォッファーの心はまひしていた。

「できるだけ良い価格で。株価は今、九一ドルです」とグリーナーはティッカーテープを見ながら答えた。

「分かりました」

二人の男はお互いを見た。オランダのダンは半ば威圧するように見えた一方で、グリーナーは静かに落ち着いており、コソコソした目は誠実そうに見えたと言ってよかった。

「ごきげんよう」とディッテンフォッファーがついに言い、小柄な男の額の広い頭ははねつけるようにうなずいた。

ディッテンフォッファーは急いで取引所に戻った。入り口で共同経営者のスミス――D・ディッテンフォッファーと仲間たちのうちの「仲間」――に会った。

「ビル、ちょうどグリーナーからフェデラル・テレグラフを五万株売る注文を受けたところだ」

「な、何だって？」とスミスが息をのんだ。

「グリーナーが私を呼び出し、自分の売り注文を受け入れるかどうかを尋ね、私はイエスと言い、彼がテレグラフを五万株売るように言い、私は……」

「君は彼を倒したんだ、ダン。彼を倒したんだよ」とスミスは大喜びで言った。

「注文の半分は私の二万株で埋め合わせ、残りはできるだけ売るつもりだ」

「驚いた、これはチャンスだ！　彼を倒したとは思わないか？　イースタン・ナショナル・バンクのスマイリーが、グリーナーに資金を貸すような銀行は市内に一行もなく、彼はインディアン・パシフィックの社債権者に最後の一〇〇〇万ドルを支払うために、それを必要としていると言っている。彼は身の丈に合わない勝負をしたんだ。ざま見ろ」

「なあ、ビル。グリーナーさんのことはほかの顧客と同じように扱おう」とディッテンフォッファーが言った。

「しかし……」と、スミスはあからさまにうろたえて言いかけた。彼はウォール街から離れているときには正直だった。

「ああ、いつか彼を倒そう。これは彼の助けにはならない。いつか彼を倒そう」と、ディッテンフォッファーは自信に満ちた笑みを浮かべて言った。

彼がグリーナーの注文を利用して一儲けするのはとても簡単だっただろう。彼は平均して九三ドルの価格で二万株を空売りしていた。グリーナーの五万株をまとめて手に取り、市場に丸ごと投げつけることもできただろう。そのような恐ろしいことには優良株でさえも耐えることができず、フェデラル・テレグラフの株価は間違いなく一五ドル以上は下落し、彼は空売りを七五ドル、あるいは七〇ドルで簡単に買い戻して（これは五〇万ドルの利益を意味する）、大敵のグリーナーが必要としている資金の一〇〇万ドル失わせることができただろう。そしてもし彼が共同経営者に、ディッテンフォッファーがグリーナーに代わってテレグラフを大量に売却しているということを友人に耳打ちすれば、うわさはあっという間に広がり、「ルーム」は大騒ぎになり、だれもが売りに急ぎ、小さなナポレオンがとうてい回復できないほどの損失を出すような大暴落が起こっていただろう。グリーナーが敵に注文を出したのは、彼の人生でもっとも大きな過ちだったのだろうか。

ディッテンフォッファーは、数十人の血迷った人々がさまざまな量の株に対して買ったり売ったりしたいと考えている価格を声のかぎり叫んでいる、フェデラル・テレグラフのポストへと向かった。彼は二〇人のブローカーたちに、手に入る最良の価格でそれぞれ一〇〇〇株ずつ売るように注文を出し、自らほかの人を通じて同じ量を引き受けた。翌日には直接二万株を売り、三日目にはグリーナーの注文のうち最後の一万株を売った。この売りは彼自身の勘定によるものだとウォール街は考えた。それはすべて空売り株だ、と。つまり、彼は保有していない株をあとで安く買い戻せることを信じて売っていると同僚たちは考えていた。空売りをする人は遅かれ早かれ株を買い戻さなければならず、このことが将来の需要を保証して価格を上げる効果があるため、そのような売りは「買い持ち」株に深刻な結果をもたらすことはない。

「自分のものでないものを売る人間は、買い戻すか牢屋に行くか」

そして、ディッテンフォッファーはグリーナーのフェデラル・テレグラフ・カンパニーの株五万株の売り注文を一株当たり平均八六ドルで売り執行することができた。ディッテンフォッファーがあまりにも向こう見ずになっており、グリーナーは信用できない小柄な男で、空売り総額は明らかに大きく、好ましくない「スクイーズ」の危険性がとても大きいに違いないということを、多くの人々が否定しながらも、ウォール街が認めたのだ。そのため、彼らはテレグラフを「叩きのめす」のを控えた。実際、多くの抜け目ないトレーダーたちが、その株価が弱いと思うと、ずる賢い小さなナポレオンのワナと見て、利口なことにフェデラル・テレグラフを買うことで彼を「だまして」いたのだ。

グリーナーは、大量のひとまとまりの株を売ったことで手にした四三〇万ドルでほかの困難を乗り越え、すべての計画を実行した。株式ブローカーの職業上の名誉に頼るというのは、大胆な手段だった。それによって、彼は大きな鉄道網の所有者になった。オランダのダンによる攻撃は、その後まったく痛手を与えなかった。グリーナーはチャンスをものにして、ディッテンフォッファーはチャンスを失ったのだ。

山の頂上か破滅か

PIKE'S PEAK OR BUST

一

金髪でバラ色の頬と女の子のような青い目をした彼がトレイシー&ミドルトン・バンカーズ・アンド・ブローカーズの求人募集に応募したとき、まだ一七歳だった。彼の名前はウィリス・N・ヘイワード。二〇人の「応募者」から選ばれて電話係になったときは実に誇り高き少年だった。

午前一〇時から午後三時まで、彼は証券取引所のフロア（立会場）にあるトレイシー&ミドルトンの電話のそばに立ち、オフィスからの連絡――主に顧客のための株式の売買注文――を受け、同じ連絡を会社の「取引所会員」のミドルトン氏に伝え、ミドルトン氏の報告をオフィスに電話した。彼は柔らかくて繊細な声で話し、青い目をした彼がブースの同じ列にいる他社の電話係たちに無邪気に笑いかけるため、彼らはブースを路地《アレー》に見立て、昔から歌われていた「サリー・イン・アワー・アレー」から彼にサリーというあだ名をつけた。

興奮してあちこちへと急ぐ不安そうな人々、必死に振られる手、さまざまなポストの注文を執行するブローカーたちの叫び、そして彼らが売買した株の価格を書き留めるときに突然正気に戻る様子――これらすべてが、寄宿学校を出てから数カ月しかたっていない若きヘイワードにとっては鮮烈な出来事の連続だった。彼らがどのように仕事をしているのかを理解できなくても、驚きはなかった。しかし、彼がもっとも強い印象を受けたのは、この騒いだり身振りを交えたりしているブローカーたちが実際に大金を稼ぐということを同僚たちが教えてくれたことだった。彼は、「サム」・シャープがサブアーバン・トローリーで一〇万ドル儲けたことや、「パーソン」・ブラックがウエスタン・デラウェアで一〇〇万ドルを当てたという有名な話を聞いた――裏づけとして、背の低い白髪の男のことも教えてくれた。しかしそのあと、彼はアラジンと魔法のランプやジャックと豆の木のことも聞いた。

ウォール街で働く多くの少年がそうであるように、彼も真綿が水を吸い込むように仕事を覚えた。彼が質問をすればすぐに答えが返ってきたが、だれも彼への助言として進んで情報を与えようとはせず、彼は自分を守るためによく観察し、ほかの人々がどのようにしているかを見て、その結果に気づくようにしなければならなかった。彼が耳にするのは、さまざまな形の「張れ！　張れ！」という声、つまり同じ意味を持つたくさんの言葉だった。それはすべて株の買いか売り――あっという間に大金を稼ぐことができるという、強い明確な望み――だった。取引所では、だれも儲けの話しかしなかった。親しい友人たちは始業時に会っても「おはよう」とも何も言わず、前置きもなしにこの世で唯一のテーマ（投機）に取り掛かった。そしてそのうちの一人が遅れてやって来ると必ず、「相場はどうだ？」とすぐ尋ねた。彼のいなかった間に不正が行われたのを恐れているかのように、しきりに心配して尋ねるのだった。株の買いや売りを促す数えきれないほどの「耳寄り情報」のせいで、ほとんど呼吸ができないほどだった。ブローカーも顧客も職員も取引所の門衛も、ウォール街の人々はみんな、ニュースを確かめるためではなく、株価に影響を与えそうな、もしくは影響を与えるはずの、あるいは影響を与えるかもしれない情報を探すために朝刊を読んでいた。神の代わりにティッカーテープが存在し、ブローカーがその予言者だった。

サリーの周りにいたのは、自分の相場観を持って帰り、それと一緒に食事をし、そして眠り、その夢を見ているような何百人もの人々だった。それは毎日繰り返され、変わることがなかった。そして、彼は至るところでその「ゲーム」の熱狂を見た。その場の空気は彼にも気づかないような影響を与え、彼の考えに影響を及ぼし、ある種の幻想を引き起こした。彼は仕事を覚えるにつれて、多くの若者たちや相場を張らない大衆と同じように、株式市場の動きはルーレット盤の周りを回る象牙の球にすぎないと信じるようになった。無数の取引技法やインサイダーの偽情報の利用、株式市場の操作の原理は、彼にとって謎以外何ものでもなかった。彼が聞いたのは、一八歳の仲間が木曜日にブルー・ベルト・ラインニ〇株を六〇ドルで買い、土曜日に三と八分の三ドル高く売ったという話や、スチュアート&スターンの電話係のミッキー・ウェルチが大物ルームトレーダーの一人から「情報」を得て、競馬に「賭け」たりトランプの赤と黒に「賭け」たりするように、大胆にそれに「賭け」、一週間もしないうちに一二五ドル儲けた話や、「二ドル」ブローカーのワトソンがサザン・ショアを売って「良い動き」をとらえたという話だった。そのほかには、ニューストリートの門衛の一人であるチャーリー・ミラーが「サム」・シャープのブローカーであるアーチー・チェイスが友人にペンシルベニア・セントラルが一〇ドル上がる方向に向かっていると「雇い主」が言っている、と話すのをたまたま小耳に挟んだあとにその株を買ったが、実際には七ドル下がって二三〇ドルを失ったという、痛快な損失話を聞いた。少年はいつも、偶然に正しい予測ができた人々の儲け話や、「正しい予言」ができずに損失を出した人々のいいかげんな「上昇」と「下落」についての話を聞いていた。相場特有の言葉には、賭博場の専門用語のような雰囲気があった。

時間がたつにつれて、そのゲームの魅力は失われていった——彼の罪悪感と同じように。彼の雇い主と顧客——だれもが紳士的で感じの良い人々だった——は毎日投機売買をしており、だれも彼らに文句をつけることはなかった。それは罪ではなく、正規の商売だった。そして、「良いこと」があると、彼はいつも電話係の「投機プール」に一ドルを「賭け」、あとでその資金で一〇株までの範囲でニューストリートの闇取引業者で取引を行った。彼の資産は少なく、給料は週にたったの八ドルだった。そして彼はよく、もう少し資金があればもっと大きく張って、それに比例して利益を出すことができるのにと考えていた。もしもこれまで一株買っていたのを二〇株買うことができていれば、三カ月で四〇〇ドルも稼ぐことができていたと彼は胸算用していた。

少年がそのように考え始めたころ、ほかのことに関心が移っていた。投機に対する罪の意識がなかったため、彼の問題は「投機は悪いことなのだろうか」ではなく、「利益を目的として張るためにはどうするべきだろう」ということになった。彼がこのように考える段階に達するまでに四カ月近くかかった。多くの少年たちと共にこの疑問を持ち、三週間のうちに満足のいく解決策が見つかった。しかし、ヘイワードは例外的に立派な男だった。

さて、電話係の仕事は機転が利くだけでなく、信頼できる人物に任される必要があるという点で、とても重要だった。第一に、電話係は彼の会社がある株を買っているのか売っているのかを知る立場にある。電話係が注文を受けたときに、たまたま会社の取引所会員がいなければ、彼はその発注について判断しなければならない。例えば、インターナショナル・パイプが一〇八ドルで売られているとする。それを一〇四ドルで五〇〇株買ったトレイシー&ミドルトンの会社にいる人物が、利食いをしたいと考えている。彼は仮に「成り行き」で、つまりそのときの市場価格でその株式を売るように会社に注文を出したとする。トレイシー&ミドルトンはすぐに証券取引所につながる専用回線で、「インターナショナル・パイプを成り行きで五〇〇株売るように」と取引所会員に電話で伝える。電話係はその連絡を受け、ミドルトンの番号を「掲示」する。つまり、ニューストリートの壁のフリーズにある色とりどりのチェック柄の帯に、ミドルトンの番号である六一一が電子機器を介して現れる。ミドルトンは、自分の番号が「上がって」いるのを見ると、何が求められているのか確かめるために電話ブースへと急ぐ。ここで、ミドルトンが番号に反応するのに遅れると、電話係は彼が不在であることを知り、いつも注文を探してブースの周りをうろついているブラウニングやワトソンのような「二ドル」ブローカーに注文を出す。

ミドルトンがほかの注文を執行するのに忙しいときや、注文をすぐに執行する必要があると判断したときも、彼は同じようなことをする。二ドルブローカーはアレン＆スミスにインターナショナル・パイプ五〇〇株を売り、その取引についてトレイシー＆ミドルトンのことを「打ち明ける」。つまり、彼はトレイシー＆ミドルトンの代理をしているということを買い手に通知し、アレン＆スミスはその会社（実際の売り手）に買った株式を求めなければならない。このサービスでトレイシー＆ミドルトンが雇ったブローカーは一〇〇株当たり二ドルを受け取る一方で、もちろんトレイシー＆ミドルトンはいつもどおり顧客に八分の一％の手数料、つまり一〇〇株当たり一二・五〇ドルを請求する。

若きヘイワードは仕事に熱心に取り組み、ミドルトンがフロアにいないときや忙しいときは、会社が電話で伝えてきた売買の注文を二ドルブローカーたちに公平に割り振った。トレイシー＆ミドルトンは実際、とても良い手数料商売をしているのだ。ヘイワードは容姿も振る舞いも良い、かわいげのある男だった――清潔感のある顔をしていて、礼儀正しく、親切だった。ブローカーたちは彼が好きで、クリスマスには彼に贈り物をした。最高の記憶は、彼に二五ドルくれた「ジョー」・ジェイコブスが持ってきた話で、彼はトレイシー＆ミドルトン以上のものをこの会社に対してしたいと思った。

「でも、会社は私が最初に見つけたブローカーであれば、だれにでも注文を出すようにと言っていました」とサリーが言った。

「ええ」とジェイコブスが口達者に言った。「あなたがわざわざ私を見つけてくれるのなら、私はあなたのような素敵で若い人から注文を受けられないほど忙しいということはけっしてありません。そしてあなたのために何か良いことをしましょう。いいですか」と彼はささやき声になった。「私に仕事をたくさん回してくれれば、週に五ドルをあげよう」。そして彼は、ゴッサム・ガスの掲示についてかすれ声で叫んでいる群衆へと飛び込んでいった。

ヘイワードは、ジェイコブスが良からぬことを見返りに期待していなければ、週に五ドルを提示することはないだろうとなんとなく感じたため、初めはこのことを会社に伝えようと思った。しかし彼は市場が閉まる前に、電話がトレイシー&ミドルトンの隣にあるマクダフ&ウィルキンソンの電話係のウィリー・シンプソンにその話をした。案の定、ウィリーはジェイコブスの行動に強い憤りを表した。

「そいつはいまいましいほど嫌なやつだよ。週に五ドルといっても、そいつは会社から一〇〇ドル儲けることができるだろう。その話には乗るな、サリー。君の前にその席にいたジム・バーは、年寄りのグラントから週に二〇ドルをもらって、ウォルフからは月に五〇ドルもらっていた。やり方さえ知っていれば簡単だ。彼らは一〇〇株につき五〇セントを払っていたんだ」とウィリーは言った。ウィリーはこの仕事を二年間続けており、とても身なりの良い格好した若者だった。サリーは彼がどのように週に一二ドルの給料でやりくりしているのかをこれでやっと理解できた。

彼はずっと、会社には一切何も言わなかった。そしてジェイコブスへの返答もしなかったが、ウィリーから聞いた話によって、ジェイコブスが何か言ってくるまで、この口のうまい人物にあらゆる注文を出すのを控えようと思った。そして一週間のウィリーの教育のもとで大いに学んだサリーはぞんざいに答えた——「仕事がとても不調で、会社にほとんど注文がないのです」。

「しかし、ワトソンはトレイシー&ミドルトンのためにたくさん仕事をしていると言っていたよ。私が分け前にあずかれるようにしてくれなければ、ミドルトンに話をして何が問題なのかを突き止めようか」と、ジェイコブスは怒った様子で言った。

「そうですか。ミドルトンさんに、私があなたに多くの仕事を回せば、週に五ドルをやるということも言ったらどうですか」とサリーは静かに言った。

証券取引所のもっとも厳格な秩序の一つは、手数料の「分配」についてだ。仕事を増やすために、部外者やほかの会員に、株の売買に対して規定された金額よりも少なく請求した会員は、厳しい罰を受けなければならない。電話係に一〇〇株の注文につき五〇セントを保証するという二ドルブローカーの提示は、明らかにこの規律に反していた。

ジェイコブスはすぐに取引に乗ってきた。「八ドルにしよう」と、彼はなだめるように言った。

「私の前にこの職にいたジム・バーは、グラントさんから週に二五ドルを受け取り、グラントさんが幸運な儲けを出したときには、ときどき追加で一〇ドルもらっていたと言っていました。ほかの人々からの待遇も言うまでもありません」と、サリーは憤然と言い返した。

三カ月前には、彼は人生がかかっていたとしても、このような言い方はできなかっただろう。彼の性格が急速に大人びてきたのは、もっぱら彼を取り囲む空気の「強制的な」力のおかげだった。

「まともではありませんね。私はトレイシー&ミドルトンから週に一〇〇〇株以上注文は受けていないし、普段はそれよりも少ないのに。ところで、あなたはフロアにいるべきだよ。電話係ではあなたの才能はもったいない。あなたと私で職場を交換しようか」と、ジェイコブスは怒って言った。

「私たちの帳簿によれば、あなたは先週私たちと三八〇〇株の取引をして、七六ドル受け取っています」と、ウィリアム・シンプソンに十分な指導を受けたサリーは怒ったブローカーに言い返した。

「それは特別な週だったからです。一〇ドルでは」とジェイコブスが言った。

「二五ドル」と、サリーは断固とした口調で言った。

「妥協しましょう。私は週に一五ドル払いますが、週に少なくとも二五〇〇株を回してほしい」と、ジェイコブスが怒ったようにつぶやいた。

「いいでしょう。あなたのためにできるかぎりのことをしますよ、ジェイコブスさん」

そして、彼はそのようにした。ほかのブローカーたちは一〇〇株当たりたったの二五セント、あるいは多くても五〇セントしかくれなかったからだ。一～二カ月のうちに、サリーは週に四〇ドルの収入を得るようになっていた。彼はまだ一八歳だった。

二

月日がたった。彼の前任者に起こったことが、ここで彼にも起こった。彼は、初めは向こう見ずに、その後はもっと慎重に、投機を始めた。さまざまな失敗をしたが、とても幸運な儲けもあり、かなりのプラスになっていた。コツコツと働く事務員が五年間で貯められるよりもかなり多く、そして勤勉な機械工が生涯で貯めるよりも確実に多い金額だった。彼は闇取引業者から連合取引所に移った。それから三つの口座を持って数百株を「思いどおりの売買をする」まで、ジェイコブスやそのほかの二ドルブローカーたちに小規模な取引をさせてもらったが、彼らは個人的に彼を好きだという理由でそれを許した。彼はウォール街にいるほかの一万人以上でも以下でもない人間になった。同じ衝動によって動き、同じ感覚によって行動し、同じ感情を共有し、喜んで自分の「仕事」と呼ぶものについて、同じ相場観と同じ見通しを持っていた。

ついに、サリーが長い間恐れていた悪夢に見舞われた――トレイシー&ミドルトンの社内勤務の社員に「昇進」したのだ。会社は彼の仕事への情熱と、聡明さや迅速さに対して見返りを与えるつもりだった。それは給料を週に一五ドルから二五ドルへと上げることだったが、特に彼の若さと三年前に八ドルの給料から始まったことを考えると、彼らはこれをとても気前が良い待遇だと考えていた。彼は今、まだ二〇歳だった。しかしサリーは、それが電話係としての役得である収入が失われるのを意味すると知っていたため、昇進を不幸なことだと嘆いた。

彼は稼いだ資金をトレイシーのところへ持って行き、裕福な叔母と相続した財産の興味深い話を聞かせ、会社に口座を開かせてもらえないか尋ねた。トレイシーは若い社員に祝いの言葉を述べて六五〇〇ドルを受け取り、それ以来、サリーはトレイシー&ミドルトンの従業員でありながら顧客にもなった。

トレイシーは多くの取引をし、多くの手数料を受け取っていたが、それでも株式ブローカーとしてできるだけ良心的であろうとして、サリーの若々しい「危険な賭け」をする傾向を抑えようとした。しかし金は「楽に入ってきた」。楽して儲けた金の常として、株式の投機家が手に入れた資産は無謀さや愚かさによって簡単に失われていった。サリーは投機でいろんな成功をして、儲けが一万ドルに達したが、そのあと六〇〇〇ドルまで減った。しかし彼は根っからの投機家になってしまっていたことに加えて、とても価値のある経験を積んだ。そして取引の手口を身につけると、会社のブックとは別に顧客の部屋で自由にさせてもらい、顧客の注文を受け、彼らの機嫌を良くし、最新の話を伝え、印象深い「耳寄り情報」をささやいて会社の業務である「取引」へと「誘い」、彼らができるだけ頻繁に取引するように仕向けた。これは会社に手数料が入ることを意味した。彼はトレイシー&ミドルトンの顧客に対して優しく、そして親しくなったが、彼らのなかには裕福な人々もいた。株式ブローカーのオフィスは民主的な場なのだ。ウォール街での知り合いをいろんな理由で家やクラブに連れて行くのを夢見たことがなかった人々は、お互いをほとんどファーストネームで呼んでいた。

彼は本当に快活で感じの良い人物で、とても愛想が良く――それによって会社から対価を受け取っていた――、機会を最大限に利用していた。顧客は彼を非常に気に入り、彼の市場に関する判断力に敬意を払うようになった。ある日、会社の顧客のなかでももっとも裕福なW・バジル・ソーントンが、高い仲介手数料という重いハンディキャップがあっては「ゲームに勝つ」のは難しいと不満を漏らした。

冗談交じりに、しかし真面目に受け取ってもらえるように、サリーはこう言った――「ニューヨーク証券取引所の会員になるか、私に会員権を買い与えて、ソーントン&ヘイワードという会社を設立してください。考えてみてください。私たちは取引をして、あなたは友人を連れてきてもよいし、私も友人を連れてくるかもしれないし、この人たちの多く（トレイシー＆ミドルトンの顧客たちを指しながら続けた）が私たちの会社で取引をすると思います。（外交的な口調で）彼らはみんな、あなたの相場観を聞きたくて仕方がないのです」。

ソーントンはこの考えを好意的に受け止め、サリーにもそれが分かった。その瞬間から、彼はソーントンの信頼を得ようと懸命に努力した。彼はソーントンにトレイシー＆ミドルトンの経営不振の状況を伝え、それが会社からソーントンの——そして彼自身の——口座を引き揚げることにつながった。それは信頼と事業倫理に背く行為だったが、二カ月後にトレイシー＆ミドルトンが信用力を失い、ウォール街が長々と議論していた状況の下で破綻したときには、ソーントンは大いに感謝した。彼はサリーに追加で一万一五〇〇ドルもの大金を与えることで感謝を表し、ウィリス・N・ヘイワードはニューヨーク証券取引所の会員になった。その後間もなく、ソーントン＆ヘイワード・バンカーズ・アンド・ブローカーズという会社が設立された。当時二五歳のサリーは、ウォール街におけるベテランの人物となっていた。

三

新しい会社は初めからうまくいった。ソーントンと彼に続いてトレイシー&ミドルトンからやって来た二～三人の友人はだれもが「向こう見ずな投機家」で、ヘイワードは彼らの注文を取引所で執行するのに忙しく、さらに新しい顧客も加わった。もし彼がこの始まりに満足し、残りは時が過ぎるままに任せておいていれば、大いに成功できていただろう。しかし、信頼できる仲介者であればだれに聞いてもそう言うだろうが、程度の差はあれ、自ら投機を始めるということは会社の資金を「拘束する」だけでなく、自分で「取引」(すなわち投機)をしながら、同時に顧客のためにも正当な注文の執行ができる者などいるわけがない。

ソーントンは裕福で、投機には十分すぎるほど注意を払っていた。彼は若い共同経営者の無謀な賭けを好む傾向が強くなっていることに気づき、注意した――彼の口調は優しく、親のようだった。

サリーは投機をやめることを誓った。

三カ月もしないうちに、彼は二回約束を破り、一度アラバマ・コールの取引に失敗したことで、会社が困窮しそうになるという深刻な危機に陥った。

ソーントンは救いの手を差し伸べた。

サリーは心の底からの恐怖を感じ、その反省から二度とこのようなことはしないと約束した。

しかし恐怖はあっという間に忘れられ、肝を冷やした記憶も同じように長続きしなかった。ウォール街は、あまりにも臆病だったり、恐ろしい記憶を長く持つ人々のいる場所ではない。彼はニューヨーク証券取引所の会員になる前に投機をしていた。結局のところ、もし投機が犯罪であり、一〇〇件の凶悪事件のうち五〇件で有罪判決が下されるのであれば、必然的にアメリカの男性の半分は、有罪判決を受けて刑務所に入れられた男性の半分を監視する刑務官の仕事をしなくてはならないだろう、とサリーはある日、顧客に話した。

その後、ソーントン＆ヘイワードの取引所会員であるウィリス・N・ヘイワードは、トレイシー＆ミドルトンにいた親切で年若い電話係のサリーとはまったく異なる人物になっていた。彼の頬はピンクではなく、シミだらけだった。目は澄んでまっすぐというわけではなく、ずる賢そうで少し涙ぐんでいるように見えた。彼はウォール街に八～一〇年いて、毎日午前一〇時から午後三時まで証券取引所にいて神経をすり減らしていた。午後五時から深夜までは、ウォール街の人々が相場の話をしに集まる山の手にある大きなホテルのカフェにいた。彼の体は刺激を欲していた。投機と酒が、彼が知っているもっとも強い刺激剤だった。

三年後に会社の役員としての期限が切れると、ソーントンは身を引いた。彼はヘイワードの危険な投機を嫌というほど味わった。サリーはたしかに抜け目のない「トレーダー」になり、大きなブル相場の間に七万五〇〇〇ドル稼いだ。しかし彼は根っからの「トレーダー」、つまり単なる株式の投機家であって、信頼できる仲介者ではなかった。

しかし、ブル相場での成功に勢いづいたサリーは、ソーントンが共同経営を続けるのを拒んでも心配しなかった。スローガンは「AOTを買おう。その株価は必ず上がる」だった。この頭文字は「あらゆる古いもの（Any Old Thing）」を表している。アメリカの工業と商業の歴史においてもっとも繁栄したこの時期は、それまでに知られたことのない、そしておそらくもうこれから知られることもないような投機の熱狂の広がりによって引き起こされた。だれもがお金をいっぱい持ち、そして投機の願望をあふれんばかりに持っていた。サリーはすぐに出納係を共同経営者として、新しい会社「ヘイワード社」を設立した。

四

この世のあらゆる物事には終わりがある。ブル相場やベア相場でさえも。ブル相場によって、ヘイワード社はウォール街の多くの人々と同じように繁盛した。それが終わると、何度か株価のひどい「下落」を経験した会社の顧客たちは、損失を取り戻すために弱気に転じるように勧められた。弱気筋は、株価があまりにも高く、下落するはずだと考える。強気筋、つまり楽観主義者たちはそれと反対のことを考える。平均的な人間が左利きではないのと同じように、大衆は株を「空売り」することが少ない。これらの顧客たちも例外ではなかったため、大衆は何もしなかった。

ヘイワードは、悲惨なことにならなかったとはいえ、ブル相場に「長居」していた。つまり、株価が上昇する動きの規模と長さについての判断が間違っていたのだ。彼はベア相場、すなわち下落局面でも同様の間違いを犯した。市場は金融記者が「深刻な下落」と書き立てた出来事のあとはとても不振だったが、これは投機家たちが何百万ドルもの損失を出したことを意味する。「有力な同業者たち」の時宜を得た提携によって、恐慌は辛うじて避けられ、それから市場は専門家だけの集まる場となった。従順でおとなしい人々がいないため、「ルームトレーダー」や「流れ者」として知られる金融市場の共食い部族は、何週間もお互いから「八分の一ドルでも稼ぐ」ようになっていた――大きな動きを待つのではなく、わずかな値動きを取るのだ。ヘイワードの顧客たちは、競合他社の顧客たちと同じように、投機をしていなかった。そのため、彼は自分の投機を守るために彼らの資金を使った。オフィスの費用は非常に高くて重荷になっており、手数料はごくわずかだった。

ヘイワードはとても弱気だった。彼は株を売っており、底にはまだ達していないという考えを多くの仲間と共有した。結果として、彼は大量に「空売り」をしていたが、「買い戻し」をして利益を得ることはできなかった。なぜなら株価はとてもゆっくりと、しかしとても着実に上昇していたからだ。

ある日、東部の仲間よりも大胆で鋭いシカゴの大物投機家が、一般に、そして特にコンソリテーテッド・スチール・ロッド・カンパニーの株に「ブル相場」が訪れる、つまり上昇する機が熟していると考えていた。彼は取締役会の会長だった。ウィリアム・G・ドアは、いわば保有者に利益を気前良く支払う株を好んで買うような投機家にとって、株が魅力的になるような計画を取り決めた。ドアの計画は秘密にされた。その第一段階は、有名なブローカーに大量の買い注文を出し、それと同時にコンソリテーテッド・スチール・ロッド・カンパニーの素晴らしい成功と驚くべき利益、そして現在の株価がとても割安であることを述べたさまざまな記事を新聞に書かせることだった。ドアとその仲間たちはもちろん、以前に大きな「落ち込み」、つまり価値の下落を利用して、数週間前に七〇ドルで大衆に売ったのと同じ株を三五ドルで買っていた。この割安な株を手に入れた彼らは、売却から利益を得られるようにするために、株価を、さらなる買いによって「操作」した。

しかし偶然にも、それ以前にドアの黙認のもとで「スチール・ロッド・カンパニー」の配当に関するうわさが広まったが実現しておらず、だまされやすい買い手は大きな損失を出し、「どっぷりとつかる」ほど株式を「空売り」していたインサイダーはこれによってさらに利益を得た。これは、ほかの優れた株式仲買人がもっとも憤りを示した典型的な不当行為による株価操作だった。取締役たちは株式の配当を支払うことにはせず、配当を支払うのは保守的ではないと――最後になってようやく――決断しており、それによってすぐに株価が一七ドルも「急落」した。おとなしい大衆は何十万ドルも失い、インサイダーたちはそれと同じだけの金額を稼いだ。これが「良い転換点」になった。

ヘイワードはこれを思い出し、株価が数日間目立った動きをして着実に上昇し、五二ドルになると、すかさず五〇〇〇株を「空売り」した。彼は、あからさまな操作をしても株価はそれ以上は上昇せず、やがて下落するに違いないと考えていた。たった一カ月前には、それは三五ドルで売られており、だれもそんな銘柄を買いたいとは思わなかった。株主たちは鋼棒事業で前例のない成功を収めたため、おそらく一気に一年分の配当を受け取るだろうとドアがシカゴの新聞で述べていたため、なおさらヘイワードは株価が「天井」に達しただろうと確信した。一年分の配当を支払うなどという行為は前例がなかった。ほかの株にしても、これまで同じような話題が出ていたが、それが実現することはなかった。どうして今回に限って実現するということがあるだろうか。

ドアの業績になじみがあるヘイワードは、ドアの一貫したウソを当てにして、すぐに彼の買いの「インサイダー情報」を「銅板でフタ」をした。しかし、すべての西部の株式投機家のなかでもっとも抜け目がなく大胆なウィリアム・G・ドアは、あらゆる人々をだました――彼は実際には真実を言っていたのだ。その週に、取締役たちはまさに彼が予測していたとおりのことをした。彼と同じ力量の投機家がウソをつくときでも、彼はウォール街の人々のうち半分だけを――愚かな半分を――だます。彼が本当のことを話すと、すべての人々がだまされる。ウォール街がショックから回復する前にその株価は五ドル上がったが、これはヘイワードがその取引だけで二万五〇〇〇ドルの損をしたことを意味する。しかしそれに加えて、ドアに賛同する同調者たちが広い範囲の株式を買い支えた。半ばまひしていた強気筋は、シカゴの投機家がコンソリテーテッド・スチール・ロッドでの作戦に成功した結果を見て、自信を取り戻した。金利は下がって、弱気筋の士気は落ち込む一方で、株式価値と強気筋の希望は大いに高まった。ヘイワードはスチール・ロッドの「買い戻し」を始めた。彼は五〇〇〇株を手仕舞いしたところで二万六七五〇ドルを失った。彼はまだ、ほかの株をおよそ一万二〇〇〇株「空売り」しており、これによる「含み損」は直近の株価で三万五〇〇〇ドルを上回っていた。しかし、もしこれほど大量の株式を、強気を引き起こす出来事にとても反応しやすい市場で買い戻そうとすれば、すぐに株価は押し上げられ、彼自身の損失を非常に大きくするだろう。

彼はその朝、震えながら会社に行った。出納係に話を聞くと、銀行には五万二〇〇〇ドルしかなく、そのうち三分の二は顧客のものであることが分かった。事実上、彼は明らかな横領犯だった。買い戻しをしなければ破産し、買い戻しをしても破産した。証券取引所における彼の「会員権」の価値はおそらく四万ドルで、それより一セントでも高くなることはなかった。そして彼は個人的に、よその町の取引先から三万八〇〇〇ドル近くを借りていたため、もう破産するのは避けられなかった。そのうえ、彼の破産は「誠実な」破綻にはなりそうにはなかった。彼が自分に厳しく言い聞かせたように、この損失が確定すると、「他人の資金を使って自分で投機をする商売ができなくなる」からだ。

彼は相場師らしく、運良く処罰から免れることを信じて目を閉じ、頭を希望の砂のなかに埋めていたため、それが近づくのを見ていたというよりも感じていた。しかし今では、あらゆる投機家が恐れる疑問に直面していた。その疑問とは、「もしすべてを失う立場にあるのだとすれば、それを取り戻すためにはどれほど絶望的なリスクをとることになるのだろうか」というものだ。その答えはたいてい、大泥棒のようなことをする羽目になるため、証券取引所や商品取引所にいる何人ものヘイワードたちはすぐに考えるのをやめ、彼らにかすかに残っている誠実さが少しでも評価されるように行動したほうがよいと思うのが通常ではあった。しかしそれは彼らに付きまとい、脅迫的な疑問と、現れてはいるものの不完全な答えを思い浮かばせた。

彼は会社を出て「立会場」へと向かうとき、自分に問いかけた。しかし、証券取引所公式のバーである「フレッヅ」に立ち寄り、強いウイスキーを一杯飲むまではそれに答えようとしなかった。それから答えが思い浮かんだ。

彼はいずれにせよ破産した。もし彼がさらに騒ぎを起こさず、つまり負債を増やすことなく破産したならば、二五人の顧客と彼に株式を「貸して」いた一五人の仲間のブローカーから悪態を付かれていただろう。しかし、もし最後に必死の努力をすれば、苦境から抜け出すことができるかもしれなかった。最悪でも、彼をののしる顧客の数は変わらず、それに同調するブローカーも二〇~三〇人程度増えるにとどまっただろう。

彼は強い酒をもう一杯飲んだ。市場は間違いなくブル相場になっていた。弱気筋は株価の上昇と戦っており、例えばアメリカン・シュガー・カンパニーのような特定の株式にはまだ強固な空売りが残っていた。今、もしこの空売りが買い戻されれば、八~一〇ドルの上昇を引き起こすかもしれなかった。彼が一万~一万五〇〇〇株買って、平均で四~五ドルの利益を出して売れば、大惨事から逃れられるだろうし、一〇ドルの利益を出せば名を残す相場師になるだろう。しかし、彼はシュガーを一〇〇〇株でさえ買う手段はなかったが、自分の会社は倒産の瀬戸際にあった。

強い酒だった。彼は憤慨して独り言を言った――「一匹のか弱い年寄りの羊を盗んで死刑になるくらいなら、群れごと盗んでやれ」。

彼は少し千鳥足で「フレッズ」を出て、舗装された狭いニューストリートを通って証券取引所へと向かった。彼は入り口で立ち止まった。逃げ道はなかった。幸運に恵まれなければ、不名誉な失敗が待ち受けていた。

「山の頂上か破滅かだ」と彼はつぶやき、大きな部屋へと入っていった。

「おはようございます、ヘイワードさん」と門衛が言った。ヘイワードは上の空でうなずき、気がつくともう一度「山の頂上か破滅か」と言って、シュガーの掲示のところへとまっすぐに歩いていった。

彼は注文を入れ始めた。一〇〇〇株が一一六ドルで売られており、彼はそれを買った。次の一〇〇〇株は一一六と八分の一ドルと提示されていた。その次の一〇〇〇株は、一一六と二分の一ドルで喜んで売ってくれる人がいた。ここまでは不調だった。それから彼は一一七ドルで二五〇〇株の買い注文を出し、すぐに売ってもらえた。しかし彼が「五〇〇〇株のうち何株でもいいから一一七ドルで」という注文を出すと、群衆はためらった。ブローカーたちは、ヘイワードが「それに関して信頼できる」と完全に信じていたわけではなかった。彼の株の支払い能力に疑いの余地がないというわけではなかった。そこでヘイワードは、このためらいを利用して、シュガー五〇〇〇株を一一七と四分の一ドル、そして一一七と二分の一ドルで、二ドルブローカーの「ビリー」・サッチャーから買った。これでヘイワードは一万五〇〇〇株買ったことになったが、株価は一と二分の一ドルしか上がらなかった。空売りしていた人々は少しもおびえなかった。しかしヘイワードはおびえた。彼は群衆から飛び出して電話機へと向かい、取引が通常の買いだったならばそうしていたように、会社に「報告」するふりをした。彼は一〇〇人の鋭い好奇心を持った目――好奇心に駆られた鋭い目――に監視されていた。彼らは、彼が重要な連絡を聞いているかのように、興味津々の表情で受話器を耳に当てているのを見ていた。しかし、彼に聞こえていたのは心臓の鼓動だけだった。その鼓動は彼には次のように聞こえた――「君は賭けをして負けた。君は賭けをして負けた。だから君は前よりもずっと追い詰められている。君はもう一度賭けをしなければならない――そして負けてはいけない」。

彼は電話を置き、シュガーを取引している群衆のなかへと急いで戻った。彼は前よりも興奮しておらず、酔っ払いのようでもなかった。顔はもう紅潮してはおらず、青白かった。そしてすぐに、白く輝く文字のように、山の頂上か破滅かという言葉がひらめいた。しかし山の頂上がぼんやりと弱く光っていたのに対して、もう一方は強く輝いていた。そして彼はまばたきをして、うっとうしい虫を払いのけるように、イライラしながら不思議な手の動きをした。

彼は友人のニュートン・ハートレーにシュガー五〇〇〇株の注文を出した。

「これは君自身の注文かい、サリー?」とハートレーが尋ねた。

「いいや、うちの顧客の注文だ。ウォール街でも大物の一人だ、ニュート。大丈夫。まったく問題ない」

これで安心したハートレーは、株を買った。株価は一一八ドルだった。これでもしヘイワードが「破産」したら、つまり、代金を支払えなかったら、売り手は購入資金の責任をハートレーに押しつけることができる。

ヘイワードは額の汗を二度拭い、これはかなり余計な動きだったが、空売り筋が一斉に動くことはなかった。彼が買った一万五〇〇〇株を売ろうとすれば、少なくとも五ドル株価を下げる結果になるだろう。これは彼にとってかなり絶体絶命の状況になる。

彼は年寄りで信頼できる二ドルブローカーの「ビリー」・ランシングに、さらに五〇〇〇株を買う注文を出したが、ランシングは断った。もう一人にも当たってみたが、注文は受け付けられなかった。彼は信用されていなかったうえに、怒鳴り返すことすらできなかった。彼らはほかに大事な注文があるという理由で断ったからだ。そこで彼はもう一人の個人的な友人であるJ・G・トンプソンに頼った。

「ジョー、シュガーを五〇〇〇株買ってくれ」

「しらふか?」とトンプソンが深刻そうに言った。

「自分の目で確かめてみろ。なあ、ウォール街でもっとも大物である一人からとても大きな注文を受けたんだ。何か重大なことが起こっている」とヘイワードが笑いながら答えた。彼には度胸があった。

「サリー、本当に顧客から注文を受けたのか」と、納得がいかないブローカーは尋ねた。彼の疑念は明らかに無礼だったが、許されるべきものだった。あまりにも多くのものが懸かっていたからだ。

「ジョー、オフィスに来てくれたら見せてあげよう――本当だけれど、言えないんだ。でも友人として、できるかぎりシュガーを買うべきだと助言しておくよ」。そして彼はウソをついている間、トンプソンの目をまっすぐ見ていた。

「ヘイワード、本当か? 本当に間違いではないんだな」。彼は一〇〇ドルの手数料は欲しかったが、友人を信じることができなかった。

「ああ、そんなことはない。私はかなり多くの買い注文を受けている。大丈夫だ。さあ、取り掛かろう、ジョー」

そしてジョーは実行した。彼は五〇〇〇株を買った。株価は一一九と二分の一ドルにまで上がり、ハートレーやトンプソンとの経験から用心深くなったヘイワードは、ほかの友人や敵対者にさらに五〇〇〇株を買ってもらうように頼むことはしなかった。彼がしたのは、一万株の買い注文を五〇〇〇株ずつに割り振ることだった。今度は、ブローカーは彼の注文を受け入れた。取り返しがつかないほど大きくはなかったからだ。そして株価は一二二と四分の三ドルに上がった。数人の空売りをしている人々は怖がった。彼は結局、勝利を収めるのかもしれなかった。山の頂上に達するかもしれなかった。彼は株をつり上げ始めた。「現金」株、つまり現金を支払って決済する株式、すぐに現金を払って即座に証券を受け取り、おそらく何百万人もの投資家に手渡すことになる株さえも買った。「フロア」にいるだれもがヘイワードについて話していた。シュガーに同調して、市場全体が上昇していた。

しかし一二四ドルに達すると、すべての投機資金は売り手側に回ったように思われた。彼は買うのをやめた。三万八〇〇〇株を買い集めていた。その株の支払いをするためには、およそ六五〇万ドルが必要だった。しかし平均して一二二ドルで売ることができれば、彼の問題も「差し引きゼロ」になるかもしれなかった。

彼はずっと良い友人だったブローカーに、一万株を売る注文を出した。それは致命的な間違いだった。ブローカーのルイス・W・ウェクスラーは、以前に「現金」と引き換えに一二二ドルで一〇〇〇株をヘイワードに売っていた。彼は何が起こっているのだろうかと疑い、注文を拒否して、彼自身がヘイワードの会社に行って注文の照合を要求した。出納係は彼に言い訳をしようとしたので、すぐに本当の状況を理解したウェクスラーは立会場に戻り、自分の口座でシュガーを空売りし始めた。暴落が起これば、彼は損をするのではなく儲けることができる。ヘイワードが破産するのは確実で、ウェクスラーは必然的に利益を得ようとしているだけだと理屈っぽく自分に言い聞かせた。その間にヘイワードはほかのブローカーを通して一万株を売り、株価は一二一と四分の三ドルに下がっていた。しかしウェクスラーの五〇〇〇株によって、それは一二〇と二分の一ドルにまで下がった。そしてほかのだれかがさらに売り、空売りをしていた人々は恐怖から立ち直り、ヘイワードが清算しなければならないときには破滅の時が近づいていた。山の頂上か破滅か！　彼は実際、手元にあるシュガー二万八〇〇〇株の支払いをするために本当に山の頂上に到達するほどの資金が必要だった。そして、彼は破滅した。

彼は降参した。自らの負けを認めた。緊張していた精神も平常に戻った。彼はもう興奮は収まり、冷静で、斜に構えているといってもよかった。ブローカーたちが取引のメモを書き留めた小さな紙切れの一つに、彼は鉛筆でメッセージを記した。それはハートレーやトンプソン、そのほかの友人、さらには彼の顧客に対して何千ドルもの損をさせたヘイワードの最後のウソだった。それは次のようなものだった。

「銀行にいつもどおりの便宜を図ることを拒否されたおかげで、ヘイワード社は営業停止を発表せざるを得なくなりました」

「伝達係！　これを会長のところへ持って行ってくれ」と彼は叫び、灰色の服を着た取引所の伝達係の一人に紙切れを渡した。

そして、彼が威張ったようにゆっくりとニューヨーク証券取引所を――彼にとって最後の雄姿として――出ていく間、取引所の会長が小づちを打ち鳴らすと、いつもの群衆が演壇の周りに集まってきた。感じの良い若い電話係としてキャリアを始めた、株式相場師「サリー」・ヘイワードの破産が確定した瞬間だった。

神学的な予想屋

A THEOLOGICAL TIPSTER

初めは、ウォール街の人々はサイラス・ショーの「信心深さ」が見せかけだと考えていた。その老人が教会に所属するのは不評を買うと予測できたのに、なぜ仕えたいと思ったのか、だれにも分からなかった。たしかに多くの独創的な理論が広められ、その一部は後悔をほのめかしさえしていた。しかし彼の仲間のブローカー、そして友人や被害者も同じように、心の奥底では、年寄りのショーは政治家たちが「ドイツ人の票を勝ち取る」ためや「アイルランド人を喜ばせる」ために多かれ少なかれ見え透いた策略に訴えるように、教会の物事に彼のこれ見よがしな熱意をこっそりと利用しているのだと考えていた。

ある日、「サウスショアー」において老人と弱気筋との間に一連の小競り合いと仕手戦が起こり、降伏した売り手側からかすめ取った資金のおかげで、老人の銀行口座に五〇万ドルが加わるということがあった。その後、メソジスト監督協会の幹部が協議の場に呼ばれた。サイラス・ショーは長い間それについて考えていた。神学者による何回にも及ぶ話し合いと多かれ少なかれ不毛で見当外れな説教があり、年寄りが依頼した弁護士は何度もなだめるように話をした。そして、多くのメソジストの聖職者と多くの弁護士が、さらにいろんな話をした。そして不動産業者と建築家と一流の銀行家が話をし、そして最後に老人が小切手を振り出した。

翌日、サイラス・ショー氏がショー神学校を設立し、資金を提供したと新聞が報じた。しかし、弱気筋から得た戦利品をこの称賛に値する目的に用いたあとでさえ、ウォール街は彼に疑いの目を向け続けていた。

しかし、ウォール街は過ちを犯した、お偉いさんがよく間違うのと同じように。サイラス・ショーは、本当はテープが巻き付き、ティッカーで傷がついた古い心のなかに、教会に関するあらゆることについての感受性を持っていた。ウォール街で有名であることの次に、教会の中心人物の一人としてみなされたいと考えていた。平日には、彼は目が覚めるようなティッカーテープのスタッカートの効いた音を喜んで聞いていた。しかし、日曜日には聞きなれた賛美歌の心地良い韻律を必ず楽しんでいた。そして、多くの常連のブローカーたちは、老人について魅力的だがとりとめもない話をすると述べた一方で、多くの熱心な若い牧師からは老相場師がいかに神を信じ、辺境の地に教会を多く建てるのに必要な基金の要請にいかに応えてくれたかという楽しい話を聞くこともできた。

ショーの気前の良さは教会関係者の間でとても有名だったため、スティーンスストリートのメソジスト監督協会の指導者であり、ショー神学校の管財人でもあるラムステデル牧師は、彼に援助を要請してもまったく決まり悪さを感じなかった。援助を頼んだ人のなかにウォール街で有名な銀行家が一～二人とニューヨーク証券取引所の会員が数人いたのは、ショーの教会関係者ではなく、ラムステデル牧師による選定だった。サイラス・ショーを筆頭に数人の名前が出資リストの最初に記されるべきだということは、特にラムステデル牧師にとって当然であるように思われた。ボリビア（南米の「共和国」でもっとも未開の国）のオルロにプロテスタントの教会を建てようとしていた。

「おはようございます、ショーさん。お元気ですか」

「まあまあだ。悪くない。親切にありがとう。どうしてこんな罪深いところに来たんだ？布教活動か？　あの、ええと、あのしゃれた若い不作法者たちに布教を始めてくれたらうれしいよ」と、たくましい年寄りの相場師が答えた。

「ああ、はい。まさに布教活動のお話です」と、ラムステデル牧師ははやる思いで言った。そして彼は、未開のオルロにプロテスタントの教会を建てることで、ボリビアに光をもたらす計画について、サイラス・ショーに話した。ショーがボリビアの信者たちを救う輝かしい働きに専念していることを考えると、彼を当てにできるだろうということを牧師は望んで、いや、知っていた。そして出資リストは……。

「親愛なるラムステデル牧師。私は出資リストにはサインしませんぞ。寄付をするのならば、私がいくら寄付したのかをだれにも知られたくはない」とショーが割り込んだ。

「ええ、ショーさん、名前をサインする必要はありません。あなたのことはＸＹＺとして書いておきます」と、彼は励ますように笑った。

「いや、ダメだ。私のことは一切書かないでくれ」

牧師はとても驚き、とても悲しげな目つきをしたので、ショーは笑った。

「元気を出しなさい、牧師さん。私がしようとしていることを教えましょう。出資の代わりにエリー鉄道の株式をいくらか買ってやろうと思っている。そうだよ、これが私にできる最善のことだ。どう思う？」。そう言って、彼は得意満面の笑みで牧師を見た。

「えへん！　私は何も……あなたはそれが……えへん！　……価値のある投資になると思っているのですか。ご存じでしょうが、私は……その……ウォール街についてはよく分かりません」

「私にも分からない。年を取るほど分からなくなっていくよ」

牧師はその言葉に疑うような目をしてためらいがちに笑った。

「そのとおりだ、牧師さん。しかし私たちは、あなたがたのために何らかのものは生み出すことができるでしょう。つまり、ひどく無知なボヘミア人たちは……」

「えへん！　ボリビア人です、ショーさん」

「ボリビア人のつもりで言ったのだ。彼らにも魂が救われる機会がなければならない」。そう話したショーは、事務員に向かって、「ジョン、成り行きでエリーを五〇〇株買ってくれ」と言った。

「分かりました」とジョンは言い、電話のブースへと消えていった。「成り行き」で買うとは、今現在の市場価格で買うことを意味した。

「ショーさん、あなたには非常に感謝しています。この件は私にとってとても重要だと断言できます。そして……その……それはいつ……ええと……その投資で利益が出るのはいつ分かるのですか」

「ああ、その点は心配しなくていい。株式市場からあなたの布教活動の資金を捻出するようにしてあげましょう。あなたは毎晩新聞の金融欄を見て、情報を追ってさえいればいいですよ」

「ショーさん、私が問題なく……ええと……情報を追うことができればよいのですが」と、ラムスデル牧師が申し訳なさそうに言った。

「まったく問題ない。ここを見なさい」とショーが言い、新聞を持ち上げて株価一覧表ページを開いた。「こちらに、牧師さん。ほら、これがエリーだ。昨日のエリー鉄道は一万八二三〇株の取引があって、高値は六四と四分の三ドル、安値は六三と二分の一ドルで、終値、つまり引けは六四と二分の一ドルだった。数字は一株当たりの金額を意味している。この株価はとても好調だったようだ。エリー五〇〇株の報告はまだか、ジョン？」

「はい。六五と八分の一ドルでした」とジョンが言った。

「ほら、牧師さん。株価はまだ上がっている。この表を見れば、毎日エリーがいくらで売られているかが分かる。もしそれが六五と八分の一ドルよりも高ければ、もちろんあなたは儲けを出したことになる。一ドル数字が大きくなるたびに、あなたの布教活動の資金は五〇〇ドル増えたことを意味している」

「そして……ショーさん……えへん！　……もしそれが……そのぉ～……小さくなったら？」

「ラムステデル牧師、そんなことを考えて何になる？　あなたが覚えておかなければならないのは、私があなたのためにいくらか儲けを出そうとしていること、そして私が買った株に六五と八分の一ドルを支払っただけだということです」

「あなたは本当にそう考えて……」

「心配しなくていい、牧師さん。もちろんそのような問題を必要以上に知られないほうがいいことは分かっているだろう」

「もちろんです、もちろんです。分かっています」と牧師が同意した。しかし、彼は納得していなかった。

「ほかに何かありますか、牧師さん」

「ありません。ありがとうございます、ショーさん。あなたの……いや、そうではなく……私たちの投資が……ええと……ボリビア人の布教資金のために良い結果をもたらすことを……その……何よりも心から願っています。本当にありがとうございます」

「どういたしまして、牧師さん。そして心配しなくていい。きっとうまくいくだろう。一～二週間のうちに連絡します。ごきげんよう」

牧師はウォール街を横切り、株式ブローカーである彼の教区民のウォルター・H・クランストンの会社へと行った。

クランストンは仕事が少ないことを嘆いており、気の弱い顧客に「取引」をさせ、手数料を取るために、熟考したある種のデルフォイの神託を顧客に与える決心をしていた。そのようなときに、ラムスデルのカードが引かれた。

「いまいましい、仕事中にやって来て、困らせようというのか？ 彼を通してくれ、ウイリアム」と彼は言った。

「おや、おはようございます、ラムステル牧師。どんなご用でしょうか?」

「布教活動の資金の件で、あなたに会いに来ました。私がそれについてすごく関心があるのはご存じでしょう。私たちはボリビアに教会を建てるようとしています。クランストンさん、ボリビアには中国と同じくらいの光が必要なのです。本当にそうなんです。そしてボリビアは中国よりかなり近いです」

「牧師さん、私は本当は……」と、クランストンは不満そうな顔で言いかけた。

「あなたの貴重なお名前を、出資リストの先頭に載せたいのです。どうか断らないでください」と、聖職者はちゃめっ気があってふざけたような雰囲気にしようとしながら言った。

「だれか有名な人に当たってみてはどうですか」と、クランストンが穏やかに言った。

「クランストンさん、実はサイラス・ショーに頼んだのです」。それからラムステルは急いで、「もちろん、あなたよりショーのほうが有名だからというわけではありませんが」と付け加えた。

「あの年寄りの悪党……ではなく、老人は何と言っていましたか」

「出資リストには絶対に署名しないと言われました」

「彼は何もしてくれなかったのですか」

「いいえ、彼は……そのぉ～……彼はあることをしてくれました」。牧師の顔はもったいぶった雰囲気を漂わせていた。

クランストンの目は輝いた。「それは何ですか」と彼が言った。

「ええと。彼はうまくいくだろうと言いました。これは彼自身の言葉です、クランストンさん」と聖職者はためらいがちに言った。

「え？」。クランストンの顔は、ボリビア人への布教が期待できると思っているようには見えなかった。

「そうです。彼は……ええと……株で基金に貢献できるようにしようと言ってくれました」

「本当ですか」と、クランストンは強い関心を示しながら言った。

「はい。あなたも同じ仕事をしているので、ショーが私たちのためにいくらか株式を買ってくれたことを話しても迷惑はかけないのではないかと思っています。買ってくれたのは五〇〇株でした。クランストンさん、あなたは……その……これが重要な意味を持つと思いますか。ご存じでしょうが、私はこの基金をとても重要なことと考えています。そういうわけでお尋ねしているのです」

「それは彼がどの株を買ったかによります」と、クランストンはとてもぞんざいに言った。

「エリー鉄道です」

「ラムスデル牧師、もちろんあなたの利益は買った価格にもよります」。これもまったくの無関心を装った口調だった。

「買ったのはショーです。価格は六五と八分の一ドルでした」

「へえ！　ということは、あの老人はエリーに対して強気なのですね」とクランストンが言った。

「それがどういう意味かは分かりませんが、彼が私に毎日、新聞を読み、株価が六五と八分の一ドルをどれだけ上回っているか見るようにと言いました。そして必ず彼から連絡するとも言われました」

「そうなることを心から願っています、牧師さん。そうですね、一〇〇ドルで十分ですか？いいでしょう、あなたがたのために小切手を切りましょう。どうぞ。さあ、牧師さん、失礼してよいですか。私たちは実はとても忙しいのです。ごきげんよう、ラムスデル牧師。

この辺りに立ち寄ることがあれば、またいつでも来てください」。そしてクランストンは、その善良な男から今すぐ離れたいという思いで、彼を追い立てるようにしてオフィスから出した。

ラムステデル牧師の背中ですりガラスの扉が閉まると、すぐにクランストンは電話へと駆け寄り、エリーをできるかぎり最良の価格で買うようにと注文を出した。友人に知らせる前に注文を出すのは、彼がエリーの上昇を強く信じ切っているという証拠だった。そして、彼らよりも先に株を買うことによって、ほぼ確実に彼らよりも安く買うことができる。彼はそれから顧客たちの部屋に駆け込み、こう叫んだ――「こんにちは。だれもがエリーに飛びついています。サイラス・ショーは強気で、年寄りのニックもそれに乗っています。私はこのことを間違いなくはっきりと知りました。初めから、この年をとった悪党が黙ってそれを買っていると思っていました。これは間違いなく彼の動きです。いま買えば、少なくとも一〇ドルは上がるはずです」。

クランストン&メルビル社はその日、彼らと顧客たちのために、エリーを合わせて六二〇〇株買い、株価を六六と二分の一ドルにまで上げるのにだれよりも大きな役割を果たした。

その週の間ずっと、牧師はボリビア人布教基金への出資を集めるのに忙しかった。彼はその特別な出資リストの件については熱心で、人の良さがにじみ出ていた。そのため彼は教区民たちに、いかにしてクランストンさんが一〇〇ドルを施し、もう一人のウォール街の人間であるベイカーさんが二五〇ドルを施し、ショーさんが――彼はこの話を、違和感があるかのような笑みを浮かべて語った――株式市場を利用して基金に貢献できるようにしてくれたことを話した。ショーは、牧師のために株を買い、生き生きした様子で、一～二週間のうちにうまくいくだろうと請け合った。彼がその事実を話した相手は、だれもがその銘柄名について興味を持った。彼らのさまざまな性格に従って、その興味はさまざまな形で姿を見せた。そしてラムスデル牧師が一部の人に話すたびに、ほかの人を差別してはならないと感じるようになった。そこで彼は、その銘柄名を公平に会う人会う人に話した。それはショーの迷惑にはならないだろうと彼は考えていた、そして彼のその考えは正しかった。彼は、穏やかで、好意的で、なかば無意識の形で、素晴らしいウォール街――感謝している人々に「信頼筋からの情報を与える」こと――の喜びに似たものを感じていた。ボリビア人布教基金は、この善人の楽観的な期待を上回って増え続けた。

しかし奇妙な、とても奇妙なことが起こった。牧師が毎日熟読している無味乾燥な金融欄によると、エリーの株価は六五～六七ドルの間で変動していた。次の火曜日には、彼が大変驚いたことに、株価一覧表にはこう記されていた――「高値、六五と四分の三ドル。安値、六二ドル。終値、六二と八分の五ドル」。水曜日の表にはこう書かれていた――「高値、六二と二分の一ドル。安値、五八ドル。終値、五八ドル」。木曜日には、一筋の希望が見えた――株式は六〇ドルの高値を付け、五九と二分の一ドルで引けた。しかし金曜日には大きく下落し、エリーは五四と八分の一ドルに達したが、これはボリビア人布教基金が支払った価格を一一と八分の一ドルも下回っていた。そして土曜日には株価は五〇ドルにまで下落し、五一と四分の一ドルで引けた。

次の日曜日、ヘンリー・W・ラムスデル牧師は、ゴッサムでもっとも悲観的な信徒たちに説教をした。彼がどこに目を向けても、とがめるような表情――苦しみや怒り、悲しみにあふれた、非難するような目をしていた――が見えた。その例外はサイラス・ショーだったが、彼は友人のラムスデル牧師が説教するのをよく聞きに来ていた。長い説教の間、彼は牧師に慈悲深い目を向けていた。不思議なほど満足しているかのように見える、とラムスデル牧師は思った。彼は約束を、無知なボリビア人から大いに期待されている約束を忘れてしまったのだろうか。

礼拝のあとに二人は会った。ラムスデル牧師の態度はぎこちなかった。ショーは愛想が良かった。

「おはようございます、牧師さん。あなたに会えると思って、この数日間、ポケットに小さな紙切れを入れて歩いていたんです。はい、どうぞ」と、白髪交じりの年を取った相場師が言った。そして、彼は聖職者に五〇〇〇ドルの小切手を手渡した。

「なぜ……ええ……私は……いや……株価は……その……下がりましたよね？」

「そうですとも」

「それならどうして……」

「ああ、大丈夫だ。私が思っていたとおりになった。だからその小切手が手に入ったんです」

「しかし……えへん……あなたは五〇〇株買っていませんでしたか」

「そうです。しかし、あなたが出ていってから、六五～六七ドルで一万株を売った。牧師さん、あなたの信徒たちは並外れたエリーのブル相場を作り出しましたよ。私はその株を彼らに売ったんですよ」と、彼は愉快そうに笑った。

「しかし……えへん……あなたはその株が上がるだろうと言った気がしましたが」

「いや。そのようには言っていません。ただうまくいくだろうと言っただけですよ。そして、うまくいったのではないかな。大丈夫だ、牧師さん。あの厄介なボリビア人たちはきっと啓発されるでしょう」と、彼は楽しそうに笑った。

「しかし、これを受け取っていいのかどうか分かりません」と、牧師がとても赤い顔で、小切手を指さしながらためらいがちに言った。

「ええ、牧師さんは私から一セントも奪ってはいませんよ。今回はとてもうまくいった。とてもです。ありがとう」と、年寄りの相場師は陽気に保証した。

「私が言いたいのは……それが正しいことなのかどうか分からないのです……」と、聖職者は口ごもった。

ショーは顔をしかめた。そして、彼ははっきりと言った。「その小切手をポケットに入れなさい。あなたがそれを稼いだんです」

■著者紹介

エドウィン・ルフェーブル（Edwin Lefèvre, 1871〜1943）

アメリカ人のジャーナリスト、作家、外交官で、ウォール街に関する著作で知られる。パナマ生まれ。19歳でジャーナリストとしてのキャリアをスタートし、金融ライターとして活躍した。のちに株の仲買人になった。父親の遺産を受け継ぎ、投資家としても活躍した。ジェシー・リバモアを描いた『欲望と幻想の市場――伝説の投機王リバモア』（東洋経済新報社）は投資本のなかでも高い評価を得て、各国で翻訳されている。

■監修者紹介

長岡半太郎（ながおか・はんたろう）

放送大学教養学部卒。放送大学大学院文化科学研究科（情報学）修了・修士（学術）。日米の銀行、CTA、ヘッジファンドなどを経て、現在は中堅運用会社勤務。全国通訳案内士、認定心理士、２級ファイナンシャル・プランニング技能士（FP）。『バフェットとマンガーによる株主総会実況中継』『ルール』『不動産王』『バフェットからの手紙【第５版】』『その後のとなりの億万長者』『IPOトレード入門』など、多数。

■訳者紹介

田中陸（たなか・りく）

一橋大学商学部卒業。運用会社勤務。訳書に『バフェットとマンガーによる株主総会実況中継』（パンローリング）など。

2021年4月3日　初版第1刷発行

ウィザードブックシリーズ㉛⑴

ウォール・ストリート・ストーリーズ

――投機家たちのオンリーイエスタデー

著　者　エドウィン・ルフェーブル
監修者　長岡半太郎
訳　者　田中陸
発行者　後藤康徳
発行所　パンローリング株式会社
〒160-0023　東京都新宿区西新宿7-9-18　6階
TEL 03-5386-7391　FAX 03-5386-7393
http://www.panrolling.com/
E-mail　info@panrolling.com
編　集　エフ・ジー・アイ（Factory of Gnomic Three Monkeys Investment）合資会社
装　丁　パンローリング装丁室
組　版　パンローリング制作室
印刷・製本　株式会社シナノ

ISBN978-4-7759-7275-5

ウィザードブックシリーズ 245

新装版 私は株で200万ドル儲けた

定価 本体1,500円+税　ISBN:9784775972144

多くの熱い読者からの要望で新装版で復刊!

今なお読み継がれ、今なお新しい株式投資の名著。業界が震撼したボックス理論! 個人投資家のダンサーがわずかな資金をもとに株式売買で200万ドルの資産を築いた「ボックス投資法」。本書は、株式市場の歴史に残る最も異例で、輝かしい成功物語のひとつである。ダーバスは、株式市場の専門家ではなく、世界中を公演して回るような、ショービジネス界の世界では最も高いギャラを取るダンサーだった。しかし、株式売買の世界に足を踏み入れ、世界中から電報や郵便などの通信手段を駆使して、百万長者の数倍もの資産を築いた。

ウィザードブックシリーズ 246

リバモアの株式投資術

定価 本体1,500円+税　ISBN:9784775972151

リバモア自身が書いた唯一の相場書 順張りの極意が待望の復刊

20世紀初頭、トレードの世界で大勝利と破産を繰り返した相場師ジェシー・リバモア。リバモアは、厳しく徹底したルールを自らに課し、外からの情報には一切流されず、自身の分析のみで相場に挑む孤高の相場師であった。何年もかかって独力で作り上げた投機のルールとそれを守る規律だけでなく、破産に至った要因、その分析と復活を成し遂げた軌跡は、その後の多くの投資家・トレーダーたちに大きな影響を与えた。リバモアを知りたければ、まずは本書を手に取るべきだろう。

ウィザードブックシリーズ 10

賢明なる投資家

定価 本体3,800円+税　ISBN:9784939103292

市場低迷の時期こそ、威力を発揮する「バリュー投資のバイブル」。日本未訳で「幻」だった古典的名著の改訂第4版がついに翻訳

ウォーレン・バフェットが師と仰ぎ、尊敬したベンジャミン・グレアムが残した「バリュー投資」の最高傑作! 株式と債券の配分方法、だれも気づいていない将来伸びる「魅力のない二流企業株」や「割安株」の見つけ方を伝授する。

ウィザードブックシリーズ 304

不動産王

世界の巨人たちから学ぶ成功のための七つの教え

エレーズ・コーエン【著】

定価 本体2,800円+税　ISBN:9784775972731

投資の世界で唯一正解が存在する不動産業界成功者の共通点から学ぶ！

本書は、世界最高峰の不動産投資家とのインタビューから引き出した7つの教えを紹介している。これらの重要な教えは、それぞれの巨人の考え方や戦略や習慣にかかわる洞察を与えてくれる。ほかでは知ることのできないこれらの重要なアイデアを不動産投資に取り入れれば、数カ月間で飛躍的な成長を遂げることができるだろう。不動産投資の世界で最も成功した巨人たちの見識を、内側から明かしている。本書の説得力のあるエピソードや教訓からは、不動産が重要かつ素晴らしいビジネスであることが分かるだけでなく、世界に通用する不動産投資家になるための道筋も見えてくる。

ウィザードブックシリーズ 302

バナナ王 サミュエル・ザムライ伝

ロシア系ユダヤ人がニューオーリンズでグローバルビジネスを生み出した

リッチ・コーエン【著】

定価 本体1,800円+税　ISBN:9784775972717

非常識な戦争・政治介入など、バナナを中心にヒト・モノ・カネが動く！

世界初の真のグローバル企業のひとつユナイテッド・フルーツの発展と衰退。1891年に14歳でアメリカにたどり着いたとき、サミュエル・ザムライ、通称サムは、のっぽでひょろりとした一文なしの少年だった。それから69年後、ニューオーリンズ一番の豪邸で亡くなったときには、世界で最も裕福な、最強の権力を握る男のひとりになっていた。サムの生涯は、アメリカンドリームを体現している。本書をとおして、アメリカがアメリカたるゆえん、「アメリカの世紀」を象徴する物語をぜひ堪能してほしい。

ウィザードブックシリーズ 292

相場師マーク・リッチ

史上最大の脱税王か、未曽有のヒーローか

ダニエル・アマン【著】

定価 本体1,800円+税　ISBN:9784775972618

偉大なトレーダーか、売国奴か、脱税王か？
世界を変えた「自由市場のチャンピオン」！

巨大な国際石油資本が支配する独占市場をグローバルにだれでも取引できる競争市場（原油のスポット市場）を創設し、「石油市場の民主化」を実現した二〇世紀最大のコモディティトレーダー！

一方で、アメリカが禁輸国に指定しているイラン、南アフリカ、キューバや、その他発展途上国の独裁国と原油をはじめとする鉱産物の取引を行い、巨万の富を築きながらも、納税を免れたアメリカ史上最大の脱税王であり、最大の悪魔であり、売国奴！ 地球を相手に取引した謎だらけのマーク・リッチの真実の姿が明らかになる！

ウィザードブックシリーズ 308

国際金融詐欺師ジョー・ロウ

マレーシア、ナジブ政権の腐敗を象徴する巨額汚職事件

トム・ライト，ブラッドリー・ホープ【著】

定価 本体1,600円+税　ISBN:9784775972779

レオナルド・ディカプリオ主演『ウルフ・オブ・ウォールストリート』製作費用は不正資金だった。

“現代版ギャツビー”が、ゴールドマン・サックスの支援を得て50億ドル以上をだまし取った手口を曝露。ホワイトカラー犯罪の心躍るノンフィクション・スリラー。本書は、ウォール・ストリート・ジャーナルの記者2名が調査に4年を費やし、10カ国以上を訪れ、100名以上の関係者にインタビューして書き上げ、フィナンシャル・タイムズとフォーチュン誌で、「ベストブック2018」に選ばれたベストセラー。マレーシア出身の若き社交界の成り上がり者が、いかにして史上最大級の強奪をやってのけたのか、ハリウッドスターやラッパーたちがいかにしてスキャンダルに巻き込まれていったのかを明らかにしている。

ウィザードブックシリーズ 301

ルール

トレードや人生や恋愛を成功に導くカギは「トレンドフォロー」

ラリー・ハイト【著】

定価 本体2,800円+税　ISBN:9784775972700

伝説的ウィザード ラリー・ハイトが教える相場版『バビロンの大富豪の教え』

本書は人生の困難から学ぶという勇気づけられる話であり、間違いなく投資において不可欠な洞察と教訓にあふれている。

ラリー・ハイトはミント・インベストメント・マネジメント社の創立者兼社長だった。彼が在職していた13年間に、運用資金の複利でのリターンは手数料込みで年率30%を超えた。彼は「元本確保型」という概念を初めて作り上げた。これによって、このファンドは10億ドル以上を運用した最初の投資会社となった。

ヘッジファンド界のトップに上り詰めたラリー・ハイトの力強い物語から、読者は間違いなく重要な洞察と教訓を得ることができるだろう。

ウィザードブックシリーズ 306

その後のとなりの億万長者

全米調査からわかった日本人にもできるミリオネアへの道

トーマス・J・スタンリー，サラ・スタンリー・ファラー【著】

定価 本体1,800円+税　ISBN:9784775972748

倹約、倹約！ 億万長者になるには高い知能も裕福な親も必要ない！

本書は、一代で億万長者となった人々に関するスタンリー博士の画期的な著作から20年がたった現在のアメリカの富裕層を取り上げ、詳細に分析している。新世代の家庭の大黒柱たちは多くの金融情報にさらされているが、本書は富を得るために何が必要かという点について、あくまでデータに基づいた結論をもとに、自らの力で億万長者になった人たちの実例を見ていく。この研究では、蓄財につながる個人の判断や行動や性格とはいかなるものかを詳しく調査し、消費、予算設定、キャリア、投資、そして経済全般についても言及している。本書を読めば、今日、市場の状況やあらゆる費用の増大にもかかわらず、経済的成功を収めるためには何が必要かを教えてくれる。

ウィザードブックシリーズ 288

T・ロウ・プライス——人、会社、投資哲学

チームワークとリサーチを重視する
顧客本位な資産運用会社を創設

コーネリウス・C・ボンド【著】

定価 本体2,800円+税　ISBN:9784775972571

高パフォーマンスを維持し続けた成長株投資の先駆者！

T・ロウ・プライス（トーマス・ロウ・プライス・ジュニア）は、投資の世界の伝説になっている。彼の経歴を知らない人でも、彼が作ったティー・ロウ・プライスという会社については知っているはずだ。この会社は今日でも高いパフォーマンスを上げ、世界中で高い評価を得ている。控えめな人物で、倫理規定を生涯厳守した彼が、どのようにして偉大な金融会社を作り上げたのだろうか。その驚くべき物語を初めて明かしたのが本書である。

ウィザードブックシリーズ 251

堕天使バンカー

スイス銀行の黒い真実

ブラッドレー・C・バーケンフェルド【著】

定価 本体2,800円+税　ISBN:9784775972212

スイス銀行の秘密保持を打ち壊した本当の物語

ブラッドレー・バーケンフェルドは、世界最大の銀行UBSで働くプライベートバンカーとして、そのすべてを体験した。UBSでは、超のつく大金持ちが複雑に張り巡らされた秘密のナンバーアカウントやオフショアの企業群を使って、何百万もの資金を税務当局の目が届かないところに隠している。UBSが顧客の無分別な行動を彼の責めとすべく準備をしていることを知り、バーケンフェルドはアメリカ政府にホイッスルを吹いた（内部告発をした）。たった一人で、スイス銀行業界のあくどさ、大金持ちのあくなき脱税への執念、大銀行に籠絡されている米大統領や国務長官たちの実態を白日の下にさらした彼の真実の物語は、一度読み始めるとページをめくる手が止まることはないだろう！

ジャック・D・シュワッガー

現在、マサチューセッツ州にあるマーケット・ウィザーズ・ファンドとＬＬＣの代表を務める。著書にはベストセラーとなった『マーケットの魔術師』『新マーケットの魔術師』『マーケットの魔術師[株式編]』（パンローリング）がある。
また、セミナーでの講演も精力的にこなしている。

ウィザードブックシリーズ 19

マーケットの魔術師

定価 本体2,800円+税　ISBN:9784939103407

トレード界の「ドリームチーム」が勢ぞろい

世界中から絶賛されたあの名著が新装版で復刻！　投資を極めたウィザードたちの珠玉のインタビュー集！ 今や伝説となった、リチャード・デニス、トム・ボールドウィン、マイケル・マーカス、ブルース・コフナー、ウィリアム・オニール、ポール・チューダー・ジョーンズ、エド・スィコータ、ジム・ロジャーズ、マーティン・シュワルツなど。

ウィザードブックシリーズ 201

続マーケットの魔術師

定価 本体2,800円+税　ISBN:9784775971680

『マーケットの魔術師』シリーズ 10年ぶりの第4弾！

先端トレーディング技術と箴言が満載。「驚異の一貫性を誇る」これから伝説になる人、伝説になっている人のインタビュー集。マーケットの先達から学ぶべき重要な教訓を40にまとめ上げた。

ウィザードブックシリーズ 13

新マーケットの魔術師

定価 本体2,800円+税　ISBN:9784939103346

知られざる“ソロス級トレーダー”たちが、率直に公開する成功へのノウハウとその秘訣

投資で成功するにはどうすればいいのかを中心に構成されている世界のトップ・トレーダーたちのインタビュー集。17人のスーパー・トレーダーたちが洞察に富んだ示唆で、あなたの投資の手助けをしてくれることであろう。